Christian Ritter

HOFFENTLICH REGNET ES ZU HAUSE

CHRISTIAN RITTER

(Jahrgang 1983) lebt als freischaffender Autor in Berlin und ist außerdem viel unterwegs, als ständiger Vorleser seiner eigenen Geschichten im deutschsprachigen Raum, gelegentlich auch einfach privat auf der ganzen Welt.

Er veranstaltet und moderiert Poetry Slams sowie andere Literaturveranstaltungen und ist Teil der Berliner Lesebühne »Zentralkomitee Deluxe«.

Ritter war bayerischer Meister und deutschsprachiger Vizemeister im Poetry Slam, hat zwei Romane (zuletzt »Die sanfte Entführung des Potsdamer Strumpfträgers« im Heyne-Verlag) und mit diesem Buch nun sieben Kurzgeschichtensammlungen veröffentlicht und bestückt außerdem seinen Podcast »Rittergeschichten« regelmäßig mit neuen Texten.

CHRISTIAN RITTER

HOFFENTLICH REGNET ES ZU HAUSE

WENN DEUTSCHE URLAUB MACHEN

SATYR VERLAG

Dieses Buch wurde klimaneutral auf FSC-zertifiziertem Papier aus nachhaltigen Quellen gedruckt. Die Kaschierfolie des Umschlags ist kompostierbar.

Die Arbeit an diesem Buch wurde durch ein »Neustart-Kultur«-Stipendium der VG WORT gefördert.

NEU START KULTUR VG WORT

3. Auflage Juli 2025

Auerstr. 23–25, 10249 Berlin
www.satyr-verlag.de | info@satyr-verlag.de

Coverfoto: Christian Ritter
Korrektorat: Jan Freunscht
Autorenfoto: Kerstin Musl
Druck und Bindung: CPI Books Clausen & Bosse, Leck
Printed in Germany

Die Deutsche Nationalbibliothek verzeichnet diese Publikation in der Deutschen Nationalbibliografie; detaillierte bibliografische Daten sind im Internet abrufbar über: http://dnb.d-nb.de

Die Marke »Satyr Verlag« ist eingetragen auf den Verlagsgründer Peter Maassen.

ISBN: 978-3-947106-84-4

INHALT

L'APFELSCHORLE

Paris. In einem Straßencafé in der Nähe des Cimetière Père Lachaise kitzeln mir Sonnenstrahlen auf der Nase. Ich wiege mich in der Musikalität des Französischen, das um mich herum an den kleinen Tischchen, beladen mit Wasserkaraffen und Weingläschen, gesprochen wird. Zurückgenommen, fast flüsternd, werden angeregt Wichtigkeiten diskutiert. Auf Französisch redet man nicht über Banalitäten, dafür ist die Sprache nicht gemacht, nur über die großen Themen, die Liebe, die Mode, die Kunst. Französische Männer in den besten Jahren tragen kurze Hosen mit einer beneidenswerten Stilsicherheit, stelle ich fest. Es liegt wohl am passenden Schuhwerk.

»Très bien, Madame, bon choix«, wird eine Vorspeisenbestellung am Nebentisch vom Kellner gelobt. Gute Wahl. Von zu Hause bin ich als direkte Reaktion auf egal welche Bestellung nur ein herzhaft gebelltes »Außerdem?« gewohnt.

Apropos Bellen: Selbst die Hunde hier kommen mir ziemlich fein vor, fast schon hochnäsig, trotz der platt gezüchteten Nasen. Sie schreiten elegant über das Trottoir, als gehöre ihnen die Stadt, und betrachten mich gleichmütig, wie ihre Herrchen und Frauchen auch. Ich lese ein paar Seiten in meinem Buch, variiere die Beinverschränkung, bestelle noch ein Getränk. Bon choix. Der Nachmittag zieht sich angenehm und lässt tief durchatmen, fast nicke ich ein.

»Ob du die Heizung ausgemacht hast daheim, hab ich gefragt.«

Ich vernehme ein lauter werdendes Störgeräusch.

»Da fahren wir vier Tage weg und die Trulla lässt die Heizung an, ich glaub's nicht.«

Ein deutsches Touristenpaar rumpelt in Crocs und Birkenstocks heran, zeigt die blassen Beine und wenig Sinn für die Wahrung meiner Ausgeglichenheit. Sie schnauben sich an wie Pferde auf einem beschwerlichen Ausritt.

»Weißt du, was ich habe?«

»Nö!«

»Die Schnauze voll! Und Durst.«

Sie werden ja wohl nicht ... doch, sie fallen in mein Café ein. Versuchen es zumindest. Es gibt Probleme.

»Rück mal den zweiten Tisch ran, der hier ist ja viel zu klein für uns zwei.«

Tischbeine rattern über historischen Stein. Die vierköpfige Familie an meinem direkten Nebentisch wirkt kurz irritiert, lässt sich aber nicht weiter in ihrer Diskussion über Sartres Spätwerk stören. Die neu Angekommenen richten sich häuslich ein und breiten die Inhalte ihrer Rucksäcke auf ihren beiden Tischen aus, Stadtplan, Mützen, Sonnenbrillenetuis, ein Pocket-Langenscheidt »Deutsch-Französisch, Französisch-Deutsch«, eine Kamps-Bäckertüte, aus der sofort eine Brezel gefischt wird. Wohl erst angekommen, die beiden weltgewandten Globetrotter. Ich beschließe, sie Walter und Gisela zu nennen, passt irgendwie.

»Wird man hier auch mal bedient?«, motzt Walter.

Wie gerufen schwebt der Kellner in leichtem Gang heran und erklärt etwas schnippisch, dass es nicht unbedingt üblich sei, ungefragt Umbaumaßnahmen am Mobiliar vorzunehmen, außerdem würden die Gäste normalerweise auf ihn warten, um platziert zu werden, statt sich einfach irgendwo niederzulassen, ob Madame und Monsieur noch nichts von dieser durchaus verbreiteten Etikette gehört hätten? Ebenso gehöre es sich nicht, eigene Verpflegung mitzubringen. Er bitte also darum, das eigenartige, verknotete Laugengebäck wieder wegzupacken.

»Was sagt er?«, fragt Walter brezelmampfend.

»Wahrscheinlich will er wissen, was wir trinken wollen, oder?«, schlägt Gisela vor.

»Apfelschorle, was denn sonst.«

»Apfelschorle«, wiederholt Gisela gen Kellner gerichtet. Der ist etwas überrumpelt von der ihm fremden, forschen Art und begreift nicht gleich, aus mehreren nachvollziehbaren Gründen. Gisela wählt die Taktik, auf die noch immer Verlass war, wenn man sich in der Fremde verständlich machen möchte. Das Gleiche noch mal, aber langsamer und lauter: »AP-FEL-SCHOR-LE.«

Der Kellner schaut Hilfe suchend um sich, bewahrt aber Haltung. Er könnte noch immer vom Fleck weg für die Titelseite der *GQ France* fotografiert werden.

»Désolé, Madame«, sagt er.

»Was will er?«, fragt Walter.

»Sie haben wohl keine Apfelschorle«, erklärt Gisela.

Im Blick des Kellners nehme ich ein gewisses Entsetzen wahr. Die eigenwillige Schuhmode scheint ihm aufgefallen zu sein.

»So ein Saftladen hier!«, empört sich Walter und haut mit der flachen Hand auf den Tisch.

Die Gespräche im direkten Umkreis des Geschehens verstummen. Auch Passanten haben Halt gemacht, um das

Spektakel zu bestaunen und nötigenfalls einzugreifen. Durch die Weltgeschichte polternde deutsche Touristen sind doch immer einen kurzen, analytischen Blick wert.

»Monsieur?«, sagt der Kellner mit Nachdruck. Seine Intonation lässt keinen Zweifel daran, dass Walter nur noch ein zu lautes Wort vom lebenslangen Hausverbot entfernt ist. Der aber scheint immun für Zwischentöne. Gisela trifft ein Geistesblitz, sie greift zum Taschenwörterbuch und blättert eifrig, ganz vorne, unter A. Es wird Zeit, einzugreifen.

»Entschuldigen Sie, liebe Landsleute. Hab ich eben mitbekommen, dass Sie ein kleines Apfelschorleproblem haben?«, frage ich mit ausgesuchter Höflichkeit.

»Das kann man wohl so sagen«, knurrt Walter.

»Heute morgen war ich in einem Café, da kriegen Sie die beste Apfelschorle von ganz Paris«, schwärme ich.

»Nein!«, freut sich Gisela.

»Darf ich?«, sage ich, gehe unter den neugierigen Blicken der Zuschauenden die paar Schritte zu ihnen hinüber, breite den Stadtplan aus und beuge mich darüber. Ich lasse den Finger konzentriert kreisen und senke ihn auf eine zufällige Stelle in der Nähe des Centre Pompidou, etwa zwei Kilometer entfernt.

»Genau hier«, verkünde ich. »Das ist auch ein richtig schöner Spaziergang von hier.«

»Ich liebe schöne Spaziergänge«, sagt Gisela.

»Sie sind ein Ehrenmann«, sagt Walter.

»Wie man's nimmt«, sage ich aus tiefstem Herzen und setze mich wieder.

Die beiden packen ihre Siebensachen zurück in die Rucksäcke und brechen auf. Auch das Publikum verschwindet. Der Kellner stellt die Tische komplett geräuschlos wieder auseinander und zeigt mir seine unendliche Dankbarkeit durch einen wahren Gefühlsausbruch, ein angedeutetes Nicken. Aus naher Ferne weht noch ein letzter Abschiedsgruß zu uns herüber: »Mensch, Walter. Ich glaub, ich hab die Heizung daheim doch ausgemacht.«

TREPPENSTEIGEN UND EIERSALAT

Als ich zum ersten Mal in New York City urlaubte, sind mir doch einige Unterschiede zum gewohnten Leben in Berlin aufgefallen. Zunächst das Offensichtliche: ziemlich viele sehr hohe Häuser. Sehr viel mehr Leute. Eine ziemlich unnatürliche Obsession, alle Gebäude und U-Bahnen auf 20 Grad unter Außentemperatur runterzukühlen. Und Eichhörnchen in Dackelgröße in öffentlichen Parks.

Aber, dachte ich, auch wenn die hier so rumprotzen, Großstadt ist Großstadt, oder? Das Mindset der Leute wird sich schon nicht so sehr von dem von zu Hause gewohnten unterscheiden, wa? Folgende Ereignisse haben mich an dieser grundnaiven Annahme zweifeln lassen:

Als in unserem Hotel beide Aufzüge ausgefallen waren, herrschte in der Lobby große Fassungs- und Ratlosigkeit – bis der Front-Desk-Manager entschied, dass die einfachste Lösung wohl die sei, nun gemeinsam mit allen Gästen auf den Techniker zu warten und gratis Leitungswasser mit einem Zitronenschnitz in Plastikbechern zu verteilen. Ich schlug vor, dass man statt des Lifts ja auch einfach das Treppenhaus benutzen könnte. Nach einem kurzen Moment des allgemeinen Wirkenlassens dieser absonderlichen Idee erntete ich großes Gelächter der versammelten Amerikaner aus den Fly-over-States.

»He wants to climb the stairs. That's so European.«

Dem sonstigen Gemurmel entnahm ich, dass das Benutzen von Treppen, wenn eigentlich ein Aufzug vorhanden ist, bestimmt gegen irgendwelche Menschenrechte, zumindest aber mit Sicherheit gegen einen Zusatzartikel der amerikanischen Verfassung verstoße.

Da die Tür zum Treppenhaus verschlossen war – es war offenbar seit Jahren nicht benutzt worden –, musste ich dem Manager wiederholt versichern, dass mein Vorschlag ernst gemeint war, ich Übung darin hätte, selbstständig über Treppen vom Erdgeschoss bis in den fünften Stock zu gelangen, und dann nur noch eine eidesstattliche Versicherung unterschreiben, das Hotel nicht zu verklagen, sollte mir auf dem Weg etwas zustoßen. Schon wurde ich unter großem Staunen auf eigene Faust ins Ungewisse entlassen – und erreichte doch tatsächlich wohlbehalten mein Zimmer.

Später hörte ich, dass aufgrund des zwei Stunden (!) andauernden Liftvorfalls reihenweise Zimmer storniert und Anwälte eingeschaltet wurden. So lovely.

Eine andere grundamerikanische Verhaltensweise, mit der ich wirklich überhaupt nichts anzufangen weiß, ist die aufdringliche und grundlose Freundlichkeit, die einem allerorten entgegenschlägt.

Auf offener Straße und in Bars konnte ich mich vor spontanen Komplimenten wildfremder Personen überhaupt nicht retten. In Situationen, in denen man hierzulande einander maximal knapp zunickt, weil man sich zufällig in derselben Örtlichkeit aufhält, und dann sein Portemonnaie vorsorglich ein Stück weit in die andere Richtung schiebt, weil man ja nie weiß, was der Fremde so im Schilde führt, schlägt einem zur Gesprächseröffnung dort ungewohnt offene Sympathie entgegen. »Oh wow, I like your shirt. I like your shoes. I like your smile. I like your jacket. I like your moustache.« All die dahingesagten Komplimente überforderten mich dermaßen, dass ich nichts zu antworten wusste außer »Öh, ja, thanks, ne« und nichts zu tun wusste, außer mich sehr schnell zu entfernen. Das ist Freundlichkeit in meinem Sinne.

Als Kontrast hier ein ehrliches, deutsches Kompliment, das ich kürzlich von einer Freundin bekommen habe: »Christian, weißt du, es gibt Leute, die richtig gut zuhören können. Du überhaupt nicht. Aber du kannst richtig gut Flaschen aufmachen! Und da ist es auch egal, ob es jetzt 'ne Bier-, Wein- oder Sektflasche ist. Bei dir weiß man einfach immer: Die kriegst du auf.« Und das fand ich gut, weil es so persönlich und so ehrlich war.

Zurück nach Amerika: Lässt man sich nach der Komplimenteröffnung unvorsichtigerweise ein wenig auf den üblichen Smalltalk ein, wird es sehr schnell unangenehm persönlich. Nach einer Minute bekommt man Fotos von der Grandma in Michigan gezeigt (»I really love her. I love her so much. She raised fourteen kids and worked hard for all of her life ...«) und wird zum Familien-Thanksgiving eingeladen.

Eine solche zwischenmenschliche Offenheit finde ich als distinguierter Europäer einfach nur unnatürlich. Im schlimmsten Fall weiß man noch nicht mal, was der andere arbeitet, auf wie vielen Quadratmetern er wohnt und wie viel Miete er zahlt – die aus deutscher Sicht zweifelsfrei wichtigsten Informationen bei einem spontanen Kennenlernen –, aber kennt schon dessen Familiengeschichte bis zurück ins 19. Jahrhundert. Das geht einfach nicht zusammen.

Beim traditionsreichen amerikanischen Shoppingkonzern

Walmart gibt es den Job des Greeters, dessen einzige Aufgabe es ist, die ankommenden Kunden am Eingang zu begrüßen und ihnen einen guten Tag und guten Einkauf zu wünschen. Da werden Menschen nur dafür bezahlt, um freundlich zu anderen Menschen zu sein. Crazy!

Mit der deutschen Servicekultur ist das absolut unvereinbar. Man stelle sich nur mal vor, der Job des Begrüßers würde bei uns eingeführt werden: »Hey, willkommen bei Penny. Heute ist Framstag!« – »Halt die Fresse und geh mir aus dem Weg!«

Der Greeter würde es nicht lange machen. Und ich finde das ganz angenehm so. Denn man macht ja keine Besorgungen, um ständig von irgendwelchen Corporate-Clowns angeentertaint zu werden, sondern weil man etwas braucht. Und das unter dem größtmöglichen Verzicht auf zeitlich höchst ineffiziente Freund- und Menschlichkeit. Das ist deutsche Lebensart.

Wenn ich zum Beispiel zu Hause in Berlin-Friedrichshain in meine Stammmetzgerei in der Frankfurter Allee gehe, um mir Buletten und einen hausgemachten Eiersalat zu holen, habe ich immer irgendwie das Gefühl, die Verkäuferin durch meine bloße Anwesenheit gerade bei etwas Wichtigerem zu stören. Und das fühlt sich richtig an. Wir treffen uns regelmäßig alle paar Tage, aber etwas anderes als pure Feindseligkeit ihrerseits ist mir noch nie entgegengeschlagen. Ein freundliches Lächeln in ihrem Gesicht erschiene mir geradezu grotesk und fratzenhaft und entspräche überhaupt nicht ihrer äußeren und inneren Persönlichkeit. Wenn sie mich fragen würde, wie es mir heute geht, oder mir ein Kompliment für meine Jacke machen würde, würde ich für alle Zeit die Metzgerei wechseln. Ich verlasse ihren Laden nie, ohne mich von ihr demütigen und anschnauzen zu lassen, weil: »Dis hätten Se sich auch vorher überlejen können, dass Se noch wat von der Wurst wollen. Jetzt muss ick da wieder rüberloofen.« Einen Meter. »Noch wat?« – »Nee, heute nix mehr.«

Deshalb hab ich es noch nie fertiggebracht, bei ihr alles zu kaufen, was ich auf der Liste hatte. Aus purer Angst.

Dennoch fühle ich mich bei ihr richtig geborgen, denn sie verkauft einfach den besten Eiersalat – und spielt mir nicht vor, sich sonst irgendwie für mich zu interessieren. Das ist Heimat. Und auch sie würde, wenn im Hotel der Lift ausfällt, einfach mal die Treppen nehmen.

EuROTRASH IN NYC

Es ist zu kalt im *Stonewall Inn.* Nachdem ich schon Dutzende Christopher-Street-Day-Paraden in mehreren Ländern besucht hatte, um das selbstverständliche, freizügige Regenbogenleben zu feiern und zu bewerben, war es nur ein logischer Schluss – wenn man schon mal in New York unterwegs ist –, sich auch den Ursprung all dessen anzuschauen, die Christopher Street. Quasi ein historischer Ausflug. Wer weiß, wo wir akzeptanzmäßig stünden in der westlichen Welt, hätten nicht schon 1969 schwule, lesbische und trans Menschen genau dort, im und um das *Stonewall Inn,* 53 Christopher Street, New York City, den Aufstand entfacht und unter dem Schlachtruf »Gay Power!« für ihre Rechte gekämpft. Nun steh ich da. Und friere. Die überlebensgroße Geschichte der Bar zurrt sich zusammen auf eine bedeutend zu kalt eingestellte, ratternde Klimaanlage. Gänsehaut! Die anwesende Gay Power besteht aus fünf müden Typen um die sechzig und in Jeansjacken, die die Barhocker vor der Theke besetzt haben, der Rest der Bar ist leer, der mit rotem Tuch bezogene Billardtisch verwaist, der Barkeeper zieht am Zapfhahn, ohne hinzusehen. Ich hatte Flair und Flamboyanz erwartet, es gibt Bier aus Plastikbechern. Da wenigstens auf den Kapitalismus Verlass ist, gibt es aber auch Merchandise-Produkte, also nehme ich zum ersten Bier auch gleich einen Hoodie dazu, in Regenbogenfarben.

Die Gänsehaut legt sich, es wird heimelig, ein Barhocker ist noch frei für mich.

»Wanna have some fun?«, fragt der Typ neben mir, und bevor ich auf falsche Gedanken kommen kann, ergänzt er, dass er gern Billard spielen würde. Erst nach dem Anstoß fragt er, woher ich denn käme, und lässt mich wissen, dass er auch schon mal in Europa war, auf dem Oktoberfest nämlich. Wir kreieren eine emotionale Verbindung dadurch, dass uns beiden schon einmal auf einer Wiesn-Bierbank tanzend in den Nacken gekotzt wurde.

»Happens a lot«, erkläre ich und versenke aus Versehen die schwarze Acht.

»Where is everyone?«, traue ich mich im Lauf der dritten Partie zu fragen und versuche, dabei nicht vorwurfsvoll zu klingen. Die Anwesenden können ja nicht dafür verantwortlich gemacht werden, dass andere nicht anwesend sind.

»Europarty«, bellt mein neuer Freund, guckt kurz um sich und findet, was er gesucht hat. Er wirft einen Flyer auf den Tisch, der seine Aussage bestätigt. EUROPARTY, steht da, das tagesaktuelle Datum und die Adresse einer anderen Bar ein Stück die Straße runter. Das sei genau das Richtige für mich, schließt er an, er ließe mich aber erst gehen, sobald die nächste Partie entschieden sei. Der Vorschlag findet meine Zustimmung, immerhin spielen wir mittlerweile um einige Dollar Einsatz.

Was hat man sich wohl unter einer Europarty vorzustellen? Ich bin ratlos. Auf dem kurzen Fußweg male ich mir die Möglichkeiten aus. So ziemlich jede Party in meinem Leben war eine Europarty, schon geografisch bedingt. Das Spektrum ist weit, von der Geburtstagsparty mit Papierhütchen auf dem Kopf bis zum Technofestival auf verschlammtem Ackerboden, ist alles in Europa passiert. Der Ansatz bringt mich nicht weiter. Was stellt sich der New Yorker unter »Europa« vor, ist die bessere Frage. Mir wurde in den letzten Tagen öfter mit Stolz berichtet, dass meine Gegenüber auch schon mal eine »Tour through Europe« gemacht hätten, und meistens, wie vorhin erst bestätigt, hatten diese Touren über einen ganzen Kontinent die Stationen Rom, Paris und Oktoberfest. Wenn man noch einen Tag dranhängen wollte, vielleicht noch eine flotte Führung durchs Schloss Neuschwanstein zum Ausnüchtern. Zack fertig, Europa gesehen. Was würde mich also gleich erwarten auf der Europarty, wie tief wird in die Klischeekiste gegriffen werden? Baskenmützenträger mit unter die Arme geklemmten Baguettes? Karl-Heinze, die Bratwurst essen? Würde im schwulen Kontext Sinn machen, immerhin sind jeweils Phallussymbole im Spiel. Oder wird es doch eher nach dem antiken griechischen oder römisch dekadenten Vorbild in die Orgienrichtung gehen? Wäre mir auch nicht unrecht.

Als ich die Ausweiskontrolle beim Türsteher erfolgreich absolviert und den Laden betreten habe, haue ich mir mit der flachen Hand gegen die Stirn. Ja gut, da hätte man drauf kommen können. Woran denkt man denn weltweit, wenn man Schwule, Party und Europa kombiniert? An den *Eurovision Song Contest*. Die Europarty ist eine Karaokeparty, bei der zu ESC-Beiträgen, gezeigt rundherum auf zwanzig an den Wänden befestigten Monitoren, immer einer auf der Bühne steht und singt, inklusive Windmaschine. Wenn das heute die angesagteste Party der angesagtesten Metropole der Welt ist, brauche ich dringend noch ein Getränk. Die Performances und die Kostümierungen sind aber nicht von schlechten Eltern, das muss ich schon zugeben, im Moment wird Conchita Wursts Siegesbeitrag von 2014 von einem Holzfällertyp mit üppigem Bart und blonder Zopfperücke interpretiert. *Rise like a Phoenix!* Schon wieder Gänsehaut. Ich bin an der Theke angekommen und finde nach etwas Dollarscheinwedeln die Aufmerksamkeit des Barkeepers.

In New York ist alles möglich. Außer einen Weißwein zu bekommen.

»You really want a white whine?«, fragt er zum dritten Mal.

Mit Blick auf die Alternativen – Bier aus Plastikbechern – wiederhole ich, dass das schon sehr nett wäre von ihm, würde er mir einen Weißwein geben können, ja.

»Are you really sure?«, fragt er.

Ich nicke, bin mir aber nicht mehr so ganz sicher und komme ins Grübeln darüber, ob ich vielleicht irgendwas verpasst habe und Weißweingenuss hier neuerdings illegal ist. Kann ja mal vorkommen, so eine spontane Prohibition im Land of the Free. Der Barmann veranstaltet einen solchen Zirkus darum, als hätte ich ihn nach einer Heroinspritze gefragt.

»Really, really sure?«, fragt er.

»Yes, Sir«, antworte ich mit durstigem Nachdruck.

»White wine is over there«, raunt er und deutet neben sich an die Wand.

Die Tür neben der Theke ist nicht auf den ersten Blick ersichtlich, da sie in die Wand eingelassen und auch wie die Wand tapeziert ist, mit unscheinbarem, angeschraubtem Griff. Ich greife zu.

Auf der anderen Seite gibt es noch eine zweite Party. Mit anderer Musik. Um es auf den Punkt zu bringen: »White wine« ist wohl das geheime Passwort für den Darkroom. Als ich die Situation begreife, sehe ich mich interessiert um, soweit man das in nahezu völliger Dunkelheit tun kann. Auch dieser Aspekt zählt ja zur Traditionserhaltung der schwulen Kultur. Nach nicht allzu langer Zeit taste ich mich aber wieder zurück in den Vorderraum, ins Licht, zu den Chansons und Powerballaden. Der Barkeeper empfängt mich grinsend.

»You really wanted a white wine, right?«, fragt er.

Ich nicke etwas grimmig.

Er hätte schon einen Kollegen in den Keller geschickt, um Weißwein zu suchen, meint er. Es sei schon sehr ungewöhnlich, dass jemand was anderes als Bier bestellt, ich müsse das verstehen, deshalb hätten sie auch das Passwort so gewählt, weil es quasi ausgeschlossen sei, dass wirklich jemand auf einer Party Wein trinke, man sei ja nicht im dekadenten Europa hier. Nur auf einer Europarty. Ach, da sei er ja schon, der Kollege, und eine Flasche hat er auch mitgebracht. Ich hätte ja ein Glück. Hier, ob dieser Tropfen wohl dem anspruchsvollen europäischen Gaumen Genüge tun würde? Er präsentiert einen Riesling aus Rheinhessen.

»Sure«, sage ich und freue mich.

Er würde mir die Flasche sogar umsonst geben, meint er, allerdings nur unter einer Bedingung. Während ich mich die eine Minute im Darkroom amüsiert habe, hat der Türsteher ihm gesteckt, was so alles auf meinem Ausweis steht. Und deshalb ... Er schnipst mit dem Finger. Neben mir taucht der Holzfäller auf, der mir seine Perücke vor die Nase hält.

In New York ist alles möglich. Keine zwei Minuten später sitze ich beklatscht von hundert Händen und ausstaffiert mit einer weißen Gitarre auf der Bühne. Den Weißwein und den Weltfrieden im Sinn, stimme ich an:

»Wie eine Blume am Winterbeginn
Und so wie ein Feuer im eisigen Wind
Wie eine Puppe, die keiner mehr mag
Fühl ich mich an manchem Tag ...«

MEIN FREUND, DIE FRAU

Ich habe ein für einen schwulen Mann recht außergewöhnliches Problem. Der Mann, mit dem ich zusammenlebe, hat einen Frauennamen. Die Erklärung dafür ist recht unspektakulär. Er ist Italiener. Da heißen Männer gelegentlich so, wie in Deutschland Frauen heißen. Andrea, Kim, Hannelore. So heißen die da. Mit einem von denen bin ich zusammen. Und natürlich hab ich ihm bei unserer allerersten Begegnung gesagt: »Andrea ... du weißt schon, dass das 'n Frauenname ist?« Und er hat mich mit seinem Blick getötet, in den ich mich verliebt habe.

Jetzt leben wir, und er vor allem, einfach damit und mit den dazugehörigen Komplikationen. Mit der ständigen Konfusion bei jedem Behördengang, jeder Ausweiskontrolle, sämtlicher schriftlicher Kommunikation. Alle Briefe, die er bekommt, sind adressiert mit »Frau Andrea Hmhmhm«. Weil, ich vermute das nur, irgendwo im Hintergrund eine Person sitzt (vielleicht ist es immer dieselbe, ich weiß es nicht), die denkt, dass sie es vielleicht ein bisschen besser weiß als ihr unsichtbares Gegenüber, die ein Formular auf den Tisch bekommt, sich das anschaut und dann entscheidet: »Aaah, da hat so eine Andrea mal wieder *Herr* angekreuzt. Kleines Dummerchen. Na ja, korrigieren wir das mal. Andrea ist natürlich immer eine Frau ... Spätestens jetzt.« ENTER.

Und diese Vorstellung verwirrt mich. Die Vorstellung,

dass andere davon ausgehen könnten, ich könnte tatsächlich mit einer Frau zusammen sein, verwirrt mich. Wofür hab ich denn jahrelang gekämpft und mir bunte Klamotten angezogen und versucht, die Akzeptanz voranzutreiben, indem ich mich auch mal für eine Weile völlig unnötig und übertrieben als »Guten Tag, Christian Ritter, homosexuell« vorgestellt habe? Um zu normalisieren! Eigentlich genau dafür, dass wir dort angekommen sind, wo wir jetzt stehen. Dafür, dass mir Leute ins Gesicht sagen können »Schwulsein ist ja auch 'n bisschen übern Zenit, ne? Bisschen langweilig geworden, bisschen gewöhnlich. Nicht mehr so richtig angesagt. Wenn de heutzutage noch was Besonderes sein willst, musst du dich schon 'n bisschen mehr anstrengen, da gibt's wirklich Aufregenderes. Ich persönlich bin ja sapio-objektsexuell und fühle mich nur von sehr intelligenten Gegenständen angezogen. Ich lebe in einer polyamoren Beziehung mit drei iPhones, zwei Alexas und einem Kopfkissen aus Memory-Schaum.«

Aber zurück zum Thema, meinem Freund. Eine Situation im Speziellen tritt immer wieder auf. Wir haben ein Hotelzimmer gebucht, unsere Namen sind also bekannt, wir als Person noch nicht, und dann stehen wir plötzlich da, in irgendeiner Garni-Pension in Göttingen an der Rezeption. Und auf geht's:

Er: »Jetzt, wo ich Sie so sehe, ähm, also irgendwas stimmt da nicht.«
Ich: »Warum? Was stimmt denn nicht?«
Er: »Andrea. Das ist doch ein Frauenname.«
Ich: »Ja, das wissen wir.«
Er: »Aber Sie sind zwei Männer.«
Ich: »Das ist uns auch schon aufgefallen.«

Er: »Aber ich dachte, Sie seien Mann und Frau!«
Ich: »Ich respektiere Ihre Gedanken, aber das ist halt nicht so. Und?«
Er: »Das ist jetzt schon ein bisschen problematisch.«
Ich: »Wieso denn?«
Er: »Das Zimmer, äh, wie soll ich sagen, das hat ein Doppelbett.«
Ich: »Ach so, ja, aber das macht doch nix.«
Er: »Ähähähä, also ich schlaf mit meinen Kumpels nicht im Doppelbett.«
Ich: »Wir würden das Wagnis eingehen.«
Er: »Soll ich doch noch mal schauen, ob's eines mit getrennten Betten gibt?«
Ich: »Nein!«
Er: »Ach sooo. Jetzt versteh ich. Tschuldigung, haben wir hier nicht so oft.«
Ich: »Ist schon in Ordnung.«
Er: »Auf wann sind die Damen denn bestellt?«
Ich: »Was?«
Er: »Oh, dann war's doch das andere, das ich mir gedacht hab.«

Wie auch immer, nach der üblichen Rechtfertigung, er habe ja selbst schwule Freunde, das seien alles sehr herzliche Menschen, oder er habe zumindest nix dagegen – danke schön –, haben wir unser Zimmer und sind im ganzen Haus bekannt, das hat auch seine Vorteile. In diesem Fall hat es sich hinter den Hotelkulissen wohl schnell herumgesprochen, dass nun ganz »besondere« Gäste in Zimmer 22 untergekommen sind, und man scheint ein wenig zur Überkompensation des holprigen Empfangs zu neigen. Eine Stunde nach Ankunft wird uns ein Ausdruck unter der Zimmertür hindurchgeschoben, darauf vermerkt alle Göttinger LGBTQ-Szeneevents des Abends. Allerliebst.

Alle LGBTQ-Szeneevents des Abends sind übrigens:

– 20 Uhr: Karaoke-Party in *Gitti's Männerwirtschaft*

Leider haben wir schon andere Pläne, man reist ja nicht zum Vergnügen nach Göttingen.

Am nächsten Morgen betreten wir den Frühstücksraum und sind doch einigermaßen erstaunt darüber, dass sehr selbst gebastelt aussehende Regenbogenfähnchen alle Tische schmücken. Die Bedienperson, auf den ersten Blick eine Frau, empfängt uns sehr warmherzig und platziert uns am besten Tisch.

Sie: »Der beste Tisch für unsere besten Gäste. Zur Feier des Tages einen kleinen Prosecco?«

Ich: »So früh am Morgen ...«

Sie: »Nur einen kleinen?«

Ich: »Also wenn schon, dann einen großen.«

»Moment, ich hab noch was vergessen«, sagt sie, verschwindet kurz, und aus irgendwelchen versteckten Boxen erschallt Musik: »*I AAAM WHAT I AAAM* ...«

»Jetzt übertreibt sie's aber 'n bisschen«, sagen wir zweistimmig.

Aber andererseits: Ist es nicht auch ein bisschen rührend, wie sie versucht, uns mit Musik aus unserem angenommenen angestammten Kulturkreis ein Zuhause zu bereiten? Ich habe schon mal genau das Gleiche ganz woanders auf der Welt erlebt, nämlich in der Karibik: Bei einem Katamaranausflug saß ich dort inmitten einer recht reservierten deutschen Reisegruppe, die mit der von der Bootsbesetzung laut abgespielten Reggae-Musik nicht wirklich viel anfangen konnte. Plötzlich aber setzte die Magie der Musik ein, als der DJ auf die Idee kam, für sein deutsches Publikum den Welthit »Atemlos« von Helene Fischer zu droppen. Von einer Sekunde auf die nächste: glückliche Gesichter rundum. Auch ich habe, das muss ich zugeben, richtig breit gelächelt, bevor ich über die Reling gekotzt habe.

In diesem Sinne entscheiden wir, dass es unsere Göttinger Frühstücksbetreuerin ja nur gut gemeint hat und weitere Übertreibungen eigentlich unmöglich sind. Wir geben ihr noch eine Chance.

Mit Sektkühler, einem breiten Lächeln und Zeitschriften unter dem Arm kommt sie wieder angerauscht.

»Ich hab hier was ganz Tolles für Sie. Sie mögen doch sicherlich Klatsch und Tratsch? Was frag ich? Sie Leute mögen immer Klatsch und Tratsch. Ich hab Ihnen hier die *Bunte*, die *Gala* und die *InTouch* mitgebracht. Die News aus Hollywood hab ich Ihnen mit Lesezeichen markiert.«

»Das ist ja sehr lieb von Ihnen, aber wir sind jetzt nicht unbedingt die Art von ...«

»Schauen Sie mal, was Jennifer Aniston gesagt hat.«

Unsere Augen leuchten auf.

»Hier: *Jennifer Aniston. Die großen Nasch-Beichte. Ich esse einen Kartofelchip pro Tag.*«

»Blöde Kuh«, sagen wir dreistimmig.

Und plötzlich fühle ich mich wirklich angekommen und dieser freundlichen Frau irgendwie verbunden, weil wir durch unsere gemeinsame Abneigung gegen die blöde Planschkuh Jennifer Aniston endlich auf derselben Seite stehen. Sie lächelt, ich lächle, Andrea lächelt. Wir nehmen uns alle drei an der Hand. Das nächste Lied setzt ein: »*WE ARE FAMILYYY* ...«

»Können wir bitte noch eine Nacht hierbleiben?«, frag ich.

»Nein«, sagt sie. »Wir sind komplett ausgebucht.«

Der Rezeptionist streckt seinen Kopf durch die Tür und ruft: »Bei mir zu Hause ist noch ein Ausziehsofa frei!«

Wir lehnen dankend ab.

GEFÄHRLICHES GRIECHENLAND

Wwwwwwwrummmmmm. Wwwwwwwrummmmmm.

Zwei Mopeds knattern mit halsbrecherischer Geschwindigkeit an unserem Taxi vorbei Richtung Strand. Auf einem sitzt einer im offenen Hemd, auf dem anderen zwei in entweder gar nichts oder sehr tiny Badehosen. Sie waren zu schnell vorbeigedonnert, als dass ich es genauer hätte sehen können. Im Abgang schießen sie den Staub der unbefestigten Straße auf unsere Windschutzscheibe.

»Don't they have to wear helmets?«, frage ich unseren so griechisch wie gemütlich wirkenden Taxifahrer.

»HÄHÄHÄ«, sagt er.

Wohl nicht, denke ich, und sehe weiter aus dem Fenster. Olivenbaum, Olivenbaum, ein Haus ohne Dach, Olivenbaum, großer Stein oder Schildkröte.

»HÄHÄHÄ«, sagt der Fahrer wieder, und ich bemerke, dass er mir eben gar nicht zugehört hat, sondern über ein Video lacht, das er auf seinem Telefon ansieht. Er lenkt mit den Knien und hat schon länger nicht mehr aufgeschaut.

»Entschuldigung, can you please look on the street?«, frage ich.

Er pfeffert das Telefon auf den Beifahrersitz. Er vorne und Andrea neben mir verdrehen die Augen.

»Ich mein ja nur, vielleicht 'n bisschen gefährlich, oder?!«, sag ich.

Andrea gibt mir den Rat, ich solle mich mal ein bisschen weniger deutsch verhalten, wenn ich den Urlaub hier genießen will.

Ich verteidige mich: »Ich glaub nicht, dass es sonderlich ›deutsch‹ ist, sich an Verkehrsregeln zu halten und aufeinander Rücksicht zu nehmen!«

»Merkste selber, ne?!«, sagt Andrea, öffnet einen weiteren Knopf seines Hemds und legt damit endlich den Blick auf seinen Bauchnabel frei. Ich hatte damit eigentlich schon früher gerechnet, so etwa in der Sekunde, in der wir das Flugzeug verlassen haben, aber er brauchte wohl ein bisschen Eingewöhnungszeit. Je südlicher das Urlaubsziel, umso ursprünglicher italienisch gibt er sich, da kann man gar nichts machen, liegt wohl irgendwie in den Genen.

»Bene«, sagt er und schiebt sich seine Ray Ban höher ins Haar.

Der Fahrer legt eine Vollbremsung hin. Er lässt eine klapprige Ziege vor uns die Straße überqueren.

»Many goats«, sagt er.

Ich nicke. Andrea fotografiert die Ziege.

»Where are you from?«, fragt der Taxifahrer.

»Italy«, ruft Andrea freudestrahlend.

»Aaaah, bella Italia!«, sagt der Fahrer und wirft Küsschen in die Luft. »Pizza, Pasta, Amore. I love Italy!«

»Si, si«, sagt Andrea.

»And you?«, fragt er und fixiert mich argwöhnisch im Rückspiegel.

»Germany«, rufe ich freudestrahlend.

Er gibt Vollgas und beachtet mich nicht weiter. Die Staubwolke hinter uns umhüllt die alte Ziege. Andrea dreht sich um und macht ein Foto. Für eine Weile wird nicht mehr geredet. Ich sehe aus dem Fenster, zähle vierzig Olivenbäume, höre dann auf, sie zu zählen, und unterdrücke den Drang, den Fahrer zum langsameren Fahren zu ermahnen. Obwohl wir mit hundertirgendwas unterwegs sind, werden wir andauernd von Motorrädern, Vespas und Quads überholt, die wie Pfeile an uns vorbeischießen.

Wwwwwimmmm. Wwwwwimmmm. Wwwwwimmmm.

»Like on the German Autobahn!«, rufe ich nach vorne.

Der Fahrer atmet schwer genervt aus.

Andrea tätschelt mitfühlend meine Hand. Ich weiß genau, was er mir damit sagen will: »Versuch nicht weiter, dich irgendwie sympathisch zu machen, das bringt nichts, der Zug ist längst abgefahren. Wir sind hier nicht in irgendeinem Land, in dem die Leute aus reiner Höflichkeit so tun, als würden sie Deutsche mögen. Nein, nein, wir sind nicht in der Schweiz oder in Schweden, wir sind in Griechenland. Hier werden ohne Rücksicht auf Gefühle Geschäfte gemacht, Güter getauscht, in deinem Fall gutes Geld gegen gutes Wetter und traditionelles, authentisches Essen, Hammelfleisch und Tsatsiki. Freundlichkeit als Beilage kannst du vergessen. Wenn ein Grieche dich anschaut in dem Wissen, dass du Deutscher bist, dann sieht er nicht dich, sondern dein Gesicht morpht sich zu dem von Wolfgang Schäuble, der mahnend die Hand hebt, den knorrigen schwäbischen Finger schwingt und mit hochrotem Kopf krakeelt: ›Griecheland muss spare! Griecheland muss spare!‹ Das hat hier niemand vergessen, und ich glaub, sie nehmen's euch schon noch ein bisschen übel. Also überlass das Reden ab jetzt einfach mir. Wir Südländer verstehen uns schon. Capisci?«

»Capito«, sage ich.

Ich kurble das Fenster herunter und hänge meinen Kopf in den Fahrtwind. Der Fahrer ermahnt mich, das sein zu lassen. Es könne schließlich jederzeit in wenigen Zentimetern Abstand ein Motorrad an uns vorbeibrettern, wie ich ja wohl mittlerweile wüsste. Mein Verhalten sei völlig unverantwortlich. Er und Andrea schütteln den Kopf über mich, ich ziehe meinen zurück und verhalte mich für den Rest der Fahrt unauffällig. Der Rest der Fahrt dauert etwa fünf Minuten.

»Schau, unser Hotel!«, ruft Andrea.

Der Fahrer steigt in die Eisen und legt eine weitere Vollbremsung aufs sandige Parkett. Anders scheint er's nicht zu können.

»Sieht aber nicht ganz so hübsch aus wie auf den Bildern bei Booking«, sag ich beim Aussteigen.

»Hör jetzt mal auf, so rumzukartoffeln«, werde ich ermahnt. »Ist doch logisch, dass das im Internet besser aussieht. Ich muss doch auch immer dreißig Bilder von dir in der gleichen Pose machen, wenn du was auf Instagram posten willst, und dann suchst du dir das Beste aus und löschst alle anderen. Das Hotel ist halt so wie du. Sieht nur bei bestimmten Lichtverhältnissen vorzeigbar aus.«

»HÄHÄHÄ«, sagt der Fahrer mal wieder, öffnet den Kofferraum, tritt beiseite, steckt sich eine Zigarette an und lehnt sich offensichtlich erschöpft von der Fahrt an die Taxiseite. Nachdem ich alle Koffer aus dem Wagen gehievt habe, zücke ich die vorm Einstieg vereinbarten 20 Euro.

»No no no, forty!«, sagt der Fahrer.

»We agreed on twenty«, erwidere ich und kann seine Erschöpfung plötzlich nachvollziehen.

Er entgegnet, als wir uns am Flughafen über den Preis unterhalten haben, habe er mir nebenbei eine Empfehlung für die Serie *Twin Peaks* geben wollen, und das habe ich wohl irrtümlich als »twenty« verstanden, auch wenn sich das jetzt ein bisschen weit hergeholt anhört, aber könne ja vorkommen, so ein Missverständnis, jedenfalls schulde ich ihm vierzig Euro.

»Jetzt hören Sie mal gut zu, Meister«, sag ich, »*Twin Peaks* ist über dreißig Jahre alt, das ist überhaupt kein Geheimtipp mehr, und *wenn* Sie mir die Serie empfohlen hätten, hätte ich Ihnen gesagt, dass ich die als DVD-Box zu Hause und tausendmal angeschaut habe. Ich war über Jahre hinweg in die Log Lady verliebt. Da haben Sie sich wirklich den Falschen ausgesucht, um hier ...«

»Is gut jetzt«, unterbricht mich Andrea. »Aus! Du hast wirklich keine Ahnung, wie man hier Geschäfte macht, oder?«

Auch der Fahrer wirkt ziemlich enttäuscht darüber, dass ich augenscheinlich die Spielregeln nicht kenne. Wobei ich schon gerne wüsste, welche Spielregeln das eigentlich sind.

»Ich regle das«, sagt Andrea und bedeutet mir, ein bisschen Abstand zu nehmen, was ich nur zu gerne tue.

Er steigt in die Verhandlungen mit dem Fahrer ein, die ziemlich schnell Fahrt aufnehmen. Schon nach ein paar Sekunden schreien sich die beiden gegenseitig an und gestikulieren wild mit den Händen. Andrea deutet auf die abgefahrenen Reifen des Taxis, der Fahrer deutet auf mich. Andrea stapft wütend um das Taxi herum, der Fahrer rauft sich die Haare. Es ist ein göttergleiches Gezeter. Beide behaupten, sie könnten ihren Müttern nicht mehr unter die Augen treten, wenn sie diese Auseinandersetzung verlören.

Schließlich einigen sie sich auf einen Fahrpreis von 30 Euro, damit keiner der Beteiligten, von mir mal großzügig abgesehen, seine Ehre verliert. Sie umarmen sich etwas übertrieben, geben sich Küsse auf die Wangen und stecken sich Visitenkarten zu. Wozu der Taxifahrer nun genau die Telefonnummer meines Freunds braucht, erschließt sich mir nicht direkt, aber okay, ich muss nicht alles verstehen, schließlich haben wir gerade erst festgestellt, dass ich keine Ahnung davon habe, wie man hier Geschäfte macht. Eigentlich wollte ich hier ja auch gar keine Geschäfte machen, sondern Urlaub.

Ich drücke dem Fahrer die 30 Euro in die Hand und verkneife es mir, nach einer Quittung zu fragen.

ENTSPANNEN NACH STECHUHR

Wir befinden uns im ersten Corona-Sommer und am dritten Tag unseres Urlaubs in Griechenland, genauer auf der Schildkröteninsel Zakynthos. Wir haben schon richtig viele Schildkröten gesehen, und in unserem Tagesablauf hat sich eine gewisse Routine manifestiert. Das Frühstücksbüfett schließt um 10 Uhr, also stehen wir 10 vor 10 in unserer Urlaubsuniform, Badehosen und leichte, nicht allzu schwule Tanktops, in der Schlange für die frisch zubereiteten Omelettes. Notwendigerweise aufgrund der aktuell gültigen Vorschriften haben wir unser Outfit mit FFP2-Masken und Folienhandschuhen der Einheitsgröße XXL ergänzt. Einen Beauty-Contest gewinnen wir damit nicht, aber BETTER SAFE THAN SORRY, wie Hotelmaskottchen Morlene – eine Schildkröte – auf einer Hinweistafel neben der Handschuhspenderbox uns und den anderen Gästen augenzwinkernd erklärt. Die anderen Gäste, das sind hauptsächlich Schweizer, Holländer, Franzosen, Russen und – Überraschung – Berliner. Vom Flughafen BER gibt es Direktflüge, was so ziemlich unser einziges Auswahlkriterium war hierherzukommen. Die ganze Schildkrötensache ist uns erst vor Ort aufgefallen. In jedem Bächlein, das sich durchs ausgedörrte Inselland schlängelt, in jeder größeren Pfütze schwimmen Hunderte von kleinen bis winzigen Schildkröten herum, dazu die ordinäre griechische Landschildkröte mittlerer Größe, die einem hier und da im Weg herumkriecht, und die sehr viel größeren Ausgaben im Meer, die wir auf der *Turtle Spotting Fun Tour* im Glasbodenschnellboot natürlich schon erfolgreich gespottet haben. Der Tourist muss tun, was der Tourist tun muss. Im Souvenirshop am Beach haben wir uns bereits am ersten Tag pflichtschuldig mit Keramikschildkröten, Schildkrötenrucksack, Schildkrötenaschenbecher mit abnehmbarem Panzer und einer exquisiten Auswahl an Kühlschrankmagneten eingedeckt, von denen einige nicht mal Schildkröten abbilden, sondern die Umrisse der Insel. Next-Level-Kühlschrankmagneten!

Das Frühstück ist mittlerweile »schnabuliert«, wie man hier noch ganz offen und schamfrei zu sagen pflegt, zumindest wenn man sich sprachlich an unseren Frühstückstischnachbarn aus Reinickendorf orientiert, und es wird höchste Zeit, sich ein wenig auszuruhen. Ausgestattet mit den wichtigsten Essentials – Sonnencreme, Bücher, Handtuch und Caipirinha – nehmen wir unsere Liegen am Pool ein. In puncto Urlaubslektüre habe ich eine Auswahl getroffen, die mir bezüglich der aktuellen Weltlage adäquat erscheint: Pest und Cholera. »Die Pest« von Albert Camus und »Der Tod in Venedig« von Thomas Mann, welches ja, wie viele gar nicht wissen, weil sie es nicht gelesen haben, damit endet, dass der Protagonist Gustav Aschenbach, ein gealterter Schriftsteller mit ausgeprägten Pädo-Tendenzen, am venezianischen Strand der Cholera erliegt, nachdem er über 100 Seiten einen 12-jährigen polnischen Jungen im Matrosenanzug ausgespäht und angeschmachtet hat. Weltliteratur!

Punkt 11:00 Uhr. Auftritt Familie Müller. Familie Müller ist wirklich das Deutscheste, das man sich unter der griechischen

Sonne vorstellen kann. Vater, Mutter, Tochter, Sohn. Wobei man der Tochter ihre Pubertät stark ansieht und der Sohn schon um die zwanzig ist und mit seinen ausrasierten Schläfen und den zur Seite gegelten, blonden Oberkopfhaaren aussieht wie frisch aus der Hitlerjugend. Oder wie so ziemlich jeder aktuelle Profifußballer, Ansichtssache. Familie Müller steuert zielstrebig auf ihre angestammten Liegen an der hinteren Poolrundung zu, sie breiten ihre Handtücher aus und klappen die Sonnenschirme ein. Niemand sonst käme auf den Gedanken, die Sonnenschirme zu schließen, die Durchschnittstemperatur dieser Tage liegt bei 40 Grad, die Sonne brennt erbarmungslos. Familie Müller schließt jeden Tag um 11 Uhr die Sonnenschirme, legt sich auf den Rücken, schaut grimmig und rührt sich nicht. Die Arme seitlich an den Körpern, Handflächen nach unten. Sie gehen nicht in den Pool, sie reden nicht, sie zucken nicht einmal. Sie erarbeiten sich die Urlaubsbräune. Dafür sind sie hier, dafür haben sie bezahlt. Nicht mehr, nicht weniger. Um 11:30 Uhr drehen sie sich in Bauchlage, um den Rücken zu bräunen, um 12:00 Uhr zurück. Um 12:30 Uhr stehen sie auf und gehen essen. Entspannen nach Stechuhr. Mutter Müller blickt über den Sonnenbrillenrand abschätzig in unsere Richtung. Dass wir sogar unsere Liegen leicht verschoben haben, um komplett im Schatten zu liegen, widerspricht eindeutig ihrer Philosophie. Um uns zu zeigen, was ein echter Profi ist, entfaltet sie ein halbrundes Aluminiumschild. Im passenden, einstudierten Winkel hält sie es sich unters Kinn, um die Sonnenstrahlen aus allen Richtungen einzufangen und die Reflexionen auf ihr Gesicht zu lenken. So ist's richtig, die Nasenscheidewand hätte sonst womöglich gar keine ordentliche Bräune abbekommen. Familie Müller hat es wirklich geschafft. Sie hat es geschafft, Urlaub so richtig nach Arbeit aussehen zu lassen. Allein ihr Anblick kostet mich so viel Energie, dass mir der Magen knurrt. Wir verlassen die Anlage und gehen in ein Restaurant, Early Lunch.

Der Kellner fragt wieder, woher wir kommen. So langsam nervt das. Aber gut, ich kann's verstehen, was soll er auch sonst fragen, um den Smalltalk anzukurbeln: »Machen Sie Urlaub hier?« Wir tragen Mützen mit grünen, transparenten Schirmen und Schildkröten drauf. Die Frage, ob wir Touristen sind, erübrigt sich also. Andrea berichtet wie immer stolz, dass und woher genau er aus Italien kommt, und die Reaktion ist natürlich die gewohnte: »Aaaah, bella Italia! Pizza, Pasta, Bunga Bunga! I love Italy!«, und so weiter und so fort.

Die beiden freunden sich sofort an und zeigen sich kurz darauf Bilder von ihren Müttern. Ich hab das jetzt schon öfter miterlebt und aufgegeben, es psychologisch zu hinterfragen. Als ich der guten Ordnung halber anfüge, ich sei aus Deutschland, hat der Kellner plötzlich was anderes zu tun und geht weg. Schade. Aber gut, ich kann's auch irgendwie verstehen. Was soll er schon sagen? »Aaah, Deutschland! Sauerkraut, Pünktlichkeit, Nationalsozialismus! Ich liebe Deutschland!«? Wohl eher nicht. Und wenn das einer sagen würde, wäre es mir ziemlich unangenehm.

»Bist du wieder beleidigt, weil keiner dein Land mag?«, fragt Andrea und saugt provokant an seinem papiernen Aperol-Strohhalm.

»Das nächste Mal sag ich einfach, ich bin aus der Schweiz«, sage ich.

»Aaah, die Schweiz!«, ruft der Kellner. »Neutralität, Goldreserven, Diskretion, Ricola, Sepp Blatter! Ich liebe die Schweiz!«

Vielleicht denk ich noch mal drüber nach. Mir wird schon eine bessere Lösung einfallen. Skandinavier werden zum Beispiel sehr gemocht.

»God morgon, Köttbullar, Malmö«, murmele ich vor mich hin.

»Was ist?«, fragt Andrea.

»Nichts, nichts.«

Um uns herum herrscht plötzlich eine gewisse Aufregung. Die Kellner geben sich hektische Zeichen und versammeln sich vor dem Tresen. Laut schnatternd bewegt sich eine ganze Gruppe Touristen auf die Restaurantterrasse zu. Deutlich höre ich die Wörter »Lichtschutzfaktor« und »Reiserücktrittsversicherung« heraus. Meine Landsleute zeigen sich von ihrer besten Seite, fallen auf die Terrasse ein und schieben ungefragt ein paar Tische zusammen. Wie zu Hause. Plötzlich erklingt der Sirtaki aus den Boxen, die Kellner beginnen, mitzuschnipsen und zu tanzen. Den neu geformten Nebentisch freut's.

»Das ist aber toll hier. Diese Authentizität und diese Lebensfreude, Irmgard. Das haben wir nicht zu Hause in Braunschweig. Genau so hab ich's mir vorgestellt!«

»Hellas!«, ruft Irmgard, weil sie glaubt, dass das »Hallo« heißt.

Man kennt ja die alte Serviceregel: Wenn der deutsche Reisebus kommt, mach den Sirtaki an. Das Stupid German Money verdient sich nicht von selbst, ein bisschen Theater muss schon sein.

Zurück im Hotel suchen wir uns neue Plätze am Pool. Familie Müller ist verlässlich nicht da. Ihre Liegen halten sie während ihrer Abwesenheit reserviert. Wie so ziemlich alles in ihrem Tagesablauf scheint auch das von langer Hand geplant gewesen zu sein, einlaminierte »RESERVIERT«-Schildchen, mit Steinen beschwert, vertreten die vier bis 13:30 Uhr, dann kommen sie wieder, steht auch auf den Schildchen. Ich frage mich, ob sie wirklich nach einem minutengetakteten Tagesplan den Urlaub abarbeiten, wie es den Anschein hat, und ob dieser auch in gedruckter Form vorliegt und jeden Morgen am Frühstückstisch verteilt wird. Kaum habe ich die Augen geschlossen, merke ich, wie mir jemand in die Sonne tritt. Es ist unsere persönliche Hotelbetreuerin, die aufgrund ihrer perfekten Deutschkenntnisse immer mit uns kommuniziert, wenn es Neuigkeiten gibt. Sie setzt zu einer kleinen Ansprache an.

»Zunächst möchte ich Sie wissen lassen: Ihre Schildkrötenmützen stehen Ihnen wirklich sehr gut.«

»Danke«, bedanke ich mich.

»Sie wissen, wir schätzen Sie sehr als unsere Gäste. Wir sind dankbar, Sie in unserem Haus beherbergen zu dürfen, Sie zu verköstigen und Ihre Betten zu machen, während Sie hier am Pool faulenzen und Ihre unerfreuliche Lektüre genießen. Besonders herausstellen möchte ich Ihr sehr spendables Trinkgeldverhalten. Vielleicht haben Sie schon mitbekommen, dass in unserem Team ein regelrechter Wettkampf darum ausgebrochen ist, wer Ihnen die Nüsschenmischung, die Oliven und die Cosmos hier an Ihrem Beach Bed servieren darf. Auch dass Sie gestern Abend so spontan in der Pianobar für uns und die anderen Gäste ›Für Elise‹ improvisiert haben, stieß auf nichts als unsere Zustimmung. Wir werden noch in Wochen davon schwärmen. Was sage ich? In Jahren! Ja, Sie haben in Ihrer kurzen Aufenthaltsdauer bereits einen bleibenden Eindruck hinterlassen, und ich kann mir nicht vorstellen, wie unsere Vier-Sterne-Anlage ohne Sie jemals wieder dieselbe sein soll. Kurzum: Sie sind ein toller und wertvoller Mensch! Aber leider, so muss ich Sie wissen lassen, gibt es Regeln, die auch für Sie gelten. Regeln, die nicht wir uns ausgedacht haben, das möchte ich betonen, an die sich aber alle – auch Sie – leider, leider zu halten haben. Ich würde gerne eine Ausnahme für Sie machen, aber ich befürchte, wir müssen uns alle fügen. Das Schicksal hat es nicht gut gemeint mit uns als Gemeinschaft, und deshalb ...«

»Was genau wollen Sie denn eigentlich?«, unterbreche ich sie.

»Sie müssten bitte mitkommen, zum Corona-Test. Der ist am dritten Aufenthaltstag verpflichtend.«

»Sagen Sie das doch gleich.«

Wir stehen auf und folgen ihr.

»Das ging ja wirklich einfach bei Ihnen. Bei den meisten anderen braucht's etwas mehr Überzeugungsarbeit.«

»Um einen Corona-Test zu machen? Überzeugungsarbeit? Ach Quatsch, ich bitte Sie! Ich bin süchtig nach den Dingern. Ohne dass ich ein Stäbchen bis zum Anschlag in die Nasenhöhle gebohrt bekomme, kann ich abends gar nicht mehr einschlafen.«

»Aha. Das hör ich selten.«

»Ich hoffe, die Lobhudelei auf mich war trotzdem ernst gemeint.«

»Selbstverständlich.«

»Dann danke ich Ihnen«, sage ich und ziehe einen Schein aus dem Brustbeutel.

Sie liefert uns in einem Besprechungszimmer ab, in dem eine junge Frau im Bikini und ein junger Herr in Badehose sitzen. Die Ärztin und ihr Assistent, wie uns erklärt wird. Ich kann mich täuschen, aber ich glaube, ich habe die beiden schon mal gesehen. Bei unserer Taxianreise sind sie auf einem

Mofa an uns vorbeigebraust. Ich genieße das Stäbchenrühren in meiner Nase und niese anschließend genussvoll, wie es sich gehört. Nach der Probeentnahme warten wir zusammen am Tisch sitzend auf das Schnelltestergebnis.

»Was kostet der Test eigentlich?«, frage ich.

Die Ärztin schaut fragend zu ihrem Assistenten. Er blättert rasch durch die Unterlagen, räuspert sich und reibt diskret Daumen an Zeigefinger. Ich tu so, als hätte ich es nicht gesehen.

»Hundred Euro«, sagt die Ärztin.

»Huch«, sage ich.

»Cash!«, fügt sie an.

Ich blättere die Scheine auf den Tisch und schlage zehn Prozent Trinkgeld auf. Plötzlich kommt Schwung in die Sache. Die Ärztin fegt unsere Testkassetten mit der Handkante vom Tisch direkt in den Mülleimer.

»You are negative!«, verkündet sie. »Congratulations!«

Der Assistent überreicht uns eine Art Urkunde, die er zuvor schon ausgefüllt hatte. Oben unsere Namen und Daten, unten die ärztliche Unterschrift, dazwischen in viel zu großen Buchstaben, seitenfüllend von Blattrand zu Blattrand, die Diagnose: NEGATIVE. Schriftgröße 90, schätze ich mit Kennerblick.

»Die häng ich mir zu Hause an die Wand«, sage ich.

Zurück am Pool erwartet uns ein schockierender Anblick. Familie Müller ist zurück. Bei ihnen scheint die Anarchie ausgebrochen zu sein. Nicht alle liegen zur gleichen Zeit gleich herum auf ihren Liegen. Tochter Müller hat außerdem ihren Sonnenschirm aufgeklappt. Wo bleibt denn da die gute Ordnung?

FAMILIE MÜLLER GEHT FAST BADEN

Der Wecker klingelt um sieben. Urlaub ist kein Grund, bis in die Puppen im Bett zu bleiben, hat der Familienrat – genauer: Mutter Müller, Vorsitzende und Alleinentscheiderin in dieser pseudodemokratischen Institution – entschieden. Ohne Murren halten sich alle daran. Das frühe Aufstehen birgt enorme Vorteile, zum Beispiel freien Zugriff auf ein jungfräuliches, unbetatschtes Frühstücksbüfett und die favorisierten Plätze am Pool, die nach Annexion am ersten Urlaubstag nicht mehr aus der Hand gegeben werden. Sollten sich andere Gäste der Ferienanlage erdreisten, die Müller-Liegen für sich zu beanspruchen, würde umgehend an der Rezeption das Gewohnheitsrecht eingeklagt werden, mit Nachdruck und notfalls einem kleinen Schein in der hohlen Hand.

Wie eine Entenprozession watscheln Vater Müller, Mutter Müller, Sohn Müller und Tochter Müller kurz vor halb acht zum Frühstücksraum, lächeln professionell und wünschen »Kalimera«, »Kalimera«, »Kalimera«, »Kalimera«, vier Guten Morgen für einen guten Tag unter der griechischen Sonne an den griechischen Frühstückskellner, der eigentlich Slowene ist, aber das spielt keine Rolle. Die Eierspeisen und Marmeladenbrote werden mit Appetit und Serviette auf dem Schoß verzehrt, Vater Müller berichtet, dass er am Vorabend schon beim ersten Gast von Markus Lanz eingeschlafen ist, was für Mutter Müller keine Neuigkeit darstellt, sie hat den Fernseher ausgestellt. Der Tagesplan wird besprochen, beziehungsweise vorgelegt, Mutter Müller reicht die Handouts herum, die sie sich am Vorabend an der Rezeption hat ausdrucken lassen, Schriftart Times New Roman, Schriftgröße 14, durchgehend gefettet.

Fünfter Urlaubstag

07:30 Uhr: Frühstück im Hotel
08:00 Uhr: Entspannen am Pool
09:30 Uhr: Kulturprogramm
11:00 Uhr: Entspannen am Pool
12:30 Uhr: Mittagessen im Hotel
13:30 Uhr: Entspannen am Pool
15:00 Uhr: Kaffee und Kuchen
15:30 Uhr: Entspannen am Strand
19:00 Uhr: Abendessen im Hotel
20:30 Uhr: Zeit zur freien Verfügung
22:30 Uhr: Nachtruhe (Markus Lanz)

Die Familie studiert das Tagesprogramm andächtig. Auch Mutter Müller vertieft sich noch einmal in das Geschriebene. Vielleicht hat sich unbemerkt ein Fehler eingeschlichen? Hat sich nicht. Mutter Müller ist zufrieden.

»Das ist doch der gleiche Plan wie gestern«, sagt Tochter Müller.

»Nein, gestern stand ›Vierter Urlaubstag‹ drüber«, korrigiert Vater Müller.

Mutter Müller nickt und bestätigt somit beide.

Sohn Müller: »Was ist heute das Kulturprogramm?«

Mutter Müller: »Wir besichtigen eine griechisch-orthodoxe Kirche im Dorf.«

Tochter Müller: »Also auch wie gestern.«

Mutter Müller: »Nein, es ist eine andere Kirche.«

Tochter Müller: »Wie viele griechisch-orthodoxe Kirchen gibt's denn hier?«

Mutter Müller: »Das zu erfahren, ist Teil unseres Kulturprogramms. Habt ihr euch alle schon auf dem Zimmer eingecremt?«

Reihum wird genickt, und da es 07:58 Uhr ist, werden die Stühle nach hinten geschoben, und es wird sich erhoben, um sich gleich wieder niederzulassen beim Entspannen am Pool.

Die vier Liegen an der hinteren Poolrundung, direkt vor der Hibiskushecke der Anlage, bieten die beste Sonnenversorgung zu allen Poolzeiten. Kaum ist die Familie angewatschelt, folgen die wichtigsten Handgriffe des Tages: Die vom Personal bereits aufgespannten Sonnenschirme werden wieder eingeklappt. Man ist ja nicht hier, um im Schatten zu frieren, sondern um sich eine vorzeigbare und nachhaltige Urlaubsbräune abzuholen, schon aus Tradition. Generationen von Müllers – väter- wie mütterlicherseits – waren immer gut gebräunt. Es geht hier um die Familienehre! Die Plätze werden eingenommen, der Körpergröße nach geordnet, von links nach rechts Vater, Sohn, Mutter und Tochter Müller. Jetzt kann endlich entspannt werden. Nach Plan. Die Arme seitlich an den Körpern, Handflächen nach unten, liegen sie regungslos da, wie eingesargt. Der Wecker fürs Kulturprogramm ist schon gestellt. Die Müllers sind zufrieden. Ziemlich. Eigentlich schon, ja, durchaus zufrieden. Sie haben sich und die Sonne. Was will man mehr?

Tochter Müller will mehr Follower in den sozialen Medien und sowieso ein bisschen beliebter sein, auch im Real Life. Nicht dass sie sehr unbeliebt wäre in ihrer Klasse, aber es geht immer noch ein bisschen mehr. So beliebt wie Leonie will sie sein, Leonie hat genau den richtigen Beliebtheitsstatus, findet Tochter Müller. Also dreimal so viele Follower, dreimal so beliebt, wie sie im Moment ist, das ist das Ziel. Leonie ist gerade auch auf einer griechischen Insel, Tochter Müller hat also schon viel richtig gemacht. Sie überlegt sich neue Posen für den Strand später, ab 15:30 Uhr. Das Foto gestern lag likemäßig zwanzig Prozent über Schnitt. Heute soll es eine Bilderserie werden, drei Stück, direkt im Meer, sie wird mit ihren Haaren »arbeiten«, sie herumwerfen und -schleudern. Sie hat längere und schönere Haare als Leonie, das ist ihr Unique Selling Point. Aber sie bräuchte einen besseren Fotografen.

Sohn Müller will ein Hotelzimmer für sich allein. In seinem Alter sollte ihm das zustehen, findet er. Und er möchte nicht ständig seine Schwester fotografieren müssen. Er findet es höchst albern, wie sie immer herumspringt vor der Kamera und Tänze aufführt und versucht, überrascht über ihre Schulter nach hinten zu schauen. Ansonsten weiß er nicht so ganz, was er will, es ist alles sehr verwirrend momentan. Er will mal den Nagellack seiner Schwester an sich ausprobieren, das geht aber schlecht nur so für sich, ohne dass es alle mitkriegen. Schon gar nicht, wenn er sich das Zimmer mit ihr teilen muss! Er weiß viel genauer, was er nicht will. Noch mal mit der ganzen Familie in Urlaub zum Beispiel, das ist wirklich das allerletzte Mal! Fleisch essen. Bier trinken. Lehrer werden wie seine Mutter. Will er alles nicht. Und ständig mit seinem

Vater Fußball schauen müssen, obwohl ihn das schon lang nicht mehr interessiert.

Ach ja, Fußball, denkt sich Vater Müller. Er würde schon gern mal wieder Fußball schauen. Schön im Stadion mit 'ner Wurst mit ordentlich Senf. Zur Not im Fernseher mit 'nem Bier mit ordentlich Umdrehungen. Schade, dass gerade Sommerpause ist überall. Ansonsten ist er ganz zufrieden damit, hier rumzuliegen, gibt nix zu meckern. Obwohl, wenn er ganz tief in sich reinhört, dann ist da diese eine Sache, von der er schon lange träumt. Vater Müller will einen anderen Job, am besten ein Start-up gründen, ihm fehlt nur noch die passende Idee. Das Bewerbungsformular für *Die Höhle der Löwen* hat er sich schon lange ausgedruckt und es in der mittleren Schreibtischschublade in seinem Arbeitszimmer abgelegt. Die Felder für Name und Kontaktdaten sind ausgefüllt. Wenn er die Schublade öffnet und das Formular sieht, kribbelt's ihn immer überall, weil es Umbruch, Aufbruch und Abenteuer verspricht. Er malt sich aus, wie sich ein heißes Bietergefecht entwickelt unter den Löwen, um ihn und sein Produkt, das er sich noch ausdenken muss, einen echten Problemlöser, gut designt, edel. Ganz am Ende, nachdem schon vier Gebote da sind, ist Ralf Dümmel dran und sagt: »Ich bring dein Produkt in alle Regale, Vater Müller, zusammen machen wir das ganz groß!« Er würde jedes Angebot von Ralf Dümmel annehmen, denn wenn der was anfasst, dann dümmelt's! Dann ist man wer. Starten würde er mit 25,1 Prozent seiner Firmenanteile für eine Million, aber dem Dümmel, dem würde er für den gleichen Preis auch 49 Prozent geben, keine Frage. Der ist auch immer so gut gebräunt.

Mutter Müller führt, ohne sich die Mühe zu machen, hinterm Sonnenbrillenglas die Augen aufzuschlagen, die Inventur durch. Ihre Hand wandert an der Liegenkante entlang, verlässt die Liege und senkt sich in die an ihrem Stammplatz ruhende Strandtasche. Mutter Müller fühlt in der Tasche herum. Als sie die Klarsichthülle ertastet, atmet sie unmerklich auf und entspannt sich noch ein ganzes Stück mehr. Sie streicht mit den Fingerkuppen an den glatten Seiten der Folie entlang und ist einfach glücklich. Was ihr die Leitz-Ordner zu Hause sind, sind ihr die Klarsichthüllen im Urlaub. Halten alles am Platz und sind unglaublich praktisch, diese Wunderdinger! Wie haben Menschen früher nur ohne Klarsichtfolie gelebt? Das mussten barbarische Zustände gewesen sein. Stolz ist Mutter Müller auch. Am Flughafen wurde sie von der feinen Dame am Check-in dafür gelobt, dass sie alle geforderten Dokumente so schnell zur Hand hatte. Die bestvorbereitete Passagierin des ganzen Vormittags sei sie gewesen, sagte die wirklich sehr hübsche und akkurat gedresste Schalterdame, und das auch noch mit der ganzen Familie im Schlepptau, also alles mal vier, andere Passagiere seien da heillos überfordert. Mit Daumen, Zeige- und Mittelfinger öffnet sie die Klarsichthülle am oberen Rand und fährt mit der ganzen Hand hinein, streichelt fast zärtlich über die Personalausweise, die Reisepässe (die gar nicht nötig gewesen wären innerhalb der EU, aber man weiß ja nie), die Impfpässe, die Flugtickets, die Allergieausweise, die selbst einlaminierten, papiernen Auslandskrankenversicherungskärtchen, die Bonushefte für Zahnbehandlungen. Alles an seinem Platz, wie Vater, Tochter und Sohn Müller neben ihr. Es gibt vier griechisch-orthodoxe Kirchen in der Stadt. Das wird sie gleich beim Kulturprogramm erzählen. Alles ist in Ordnung.

Beruhigt aufatmend öffnet Mutter Müller die Augen. Durch das Sonnenbrillenglas rosé eingetönt zeigt sich ihr das griechische Urlaubsanlagenparadies. Die sonnenscheuen Schwulen auf der anderen Poolseite verkriechen sich wie üblich unter ihren Schirmen und bestellen schon wieder einen bunten Cocktail. Blick zur Seite. Die Familie liegt fein geordnet in Reih und ... Was ist da denn los?

Tochter Müller wurde vom wilden Individualismus übermannt. Ungeachtet des Tagesplans, der das Baden im Pool ausdrücklich nicht beinhaltet (ganz besonders nicht für Tochter Müller, denn die Trocknungszeit der langen Haare ist einfach unkalkulierbar und somit ein Risikofaktor für sämtliche Unternehmungen sowie das einheitliche, makellose Erscheinungsbild der kompletten Familie), hat sie sich selbstständig erhoben und steht sprungbereit am Beckenrand, die Knie bereits durchgebeugt. Gleich wird es passieren. Oder?

»Nicht!«, kreischt Mutter Müller.

Vater und Sohn Müller schrecken auf und werden der Situation blitzschnell gewahr.

»Wenn sie springt, springe ich auch!«, ruft Sohn Müller.

»Hier springt überhaupt niemand! Du legst dich sofort wieder hin und bräunst dich, junge Dame!«, ruft Mutter Müller.

»Das Springen vom Beckenrand ist verboten!«, ruft Vater Müller instinktiv und hält Ausschau nach einem entsprechenden Hinweisschild. Er findet leider keines.

Tochter Müller vollendet ihre Kniebeuge und steht wieder aufrecht. So rebellisch hat sie sich selten gefühlt. Das macht Lust auf mehr.

PASTADESASTER

Ich habe meinen Freund bislang einmal zum Weinen gebracht. Es war in der Anfangszeit unseres Kennenlernens, wir haben uns noch locker gedatet, und es war noch nicht so ganz klar, wo das alles hinführt. Genauso unklar war mir, wie absolut unlocker er es als Italiener nimmt, wenn bei der Essenszubereitung mal etwas nicht so ganz nach seinen Vorstellungen läuft, vor allem wenn es um Nudeln, Verzeihung!, um Pasta geht. Das italienische Heiligtum Pasta hatte sich mir noch nicht ganz erschlossen, und bis dahin war ich mit Spaghetti, Tagliatelle und Gnotschi ganz gut über die Runden gekommen.

Wie mir mittlerweile beigebracht wurde, gibt es 109 (in Worten: einhundertneun) verschiedene Sorten italienischer Pasta, ich musste sie schon oft aufsagen. Aus Selbsthilfegruppen von mit Italiener:innen verbandelten Deutschen weiß ich außerdem, dass eine gewisse emotionale Überreaktion auf die »falsche« Handhabung von Pastagerichten und anderen verzehrbaren Aushängeschildern *Bella Italias* kein individuelles Fehlverhalten nur meines Freunds ist. Im Gegenteil wird die kulinarische Dünnhäutigkeit italienischen Kindern genauso rigoros anerzogen wie das dringende Bedürfnis, ihr ganzes Leben lang jeden Tag ihre Mutter anrufen zu müssen.

In Italien gibt es sogar eine eigene Abteilung der Polizei, die original italienische Lebensmittel auf ihre ursprüngliche

Reinheit überprüft, als Unterabteilung ein Spezialeinsatzkommando *Extra Vergine*, das nur dafür da ist, Olivenöl daraufhin zu testen, ob es denn wirklich *extra vergine*, also aus den besten, kalt gepressten Oliven hergestellt, ist. Das machen die treuen Staatsdiener unter anderem dadurch, dass sie es probieren und aus Schnapsgläsern trinken. Der Gaumen richtet.

Hat es mich verwundert, als ich davon erfahren habe? Bedingt. Oder sagen wir so: Als die italienische Fußballnationalmannschaft die Europameisterschaft 2021 gewonnen hat, waren viele Zuschauer davon irritiert, dass die Spieler sich im Freudentaumel nicht die Trikots vom Leib gerissen und ihren Fans zugeworfen haben, sondern ihre Hosen. Ich hingegen fand das völlig normal, da ich Italienern nun schon oft dabei zugeschaut habe, wie sie sich freuen. Eine Hose ist da nur im Weg. Man gewöhnt sich einfach an »besonderes« Verhalten und kulturelle Eigenheiten.

Aber was war denn nun eigentlich passiert damals, das des dicken Tränenvergießens wert war?

Ich hatte es gewagt, für ein Abendessen Spaghetti mit Tomatensoße zuzubereiten. Kann ich, dachte ich. Ich trug also die Spaghetti auf und später in einem zweiten Topf die Soße. Andrea sah auf die Nudeln, auf den Soßentopf, zurück auf die Nudeln, dann sehr entgeistert zu mir. Seine Augen liefen still über, eine Träne kullerte die Wangen hinab, er legte die Ellbogen auf den Tisch und vergrub das Gesicht in seinen Händen. Tiefe Schluchzer erfüllten den Raum.

»Was ist denn los?«, fragte ich mitfühlend, strich ihm mit einer Hand beruhigend-kreisend über den Rücken und lud mit der Spaghettizange in der anderen die Nudeln auf die

Teller. Als er wieder zu sprechen in der Lage war, klang das, was er sagte, nicht mehr ganz so traurig, eher etwas gereizt.

»Also, was ist los?«, fragte ich.

»Man vermischt doch die Pasta nicht IM TELLER mit der Tomatensoße! Sobald die Pasta al dente ist, gießt man sie ab und schüttet sie sofort in den Soßentopf, DA WIRD DIE VERMISCHT. Sonst verklumpt doch alles und klebt aneinander. Schau, wie das schon klebt!«

Ich wollte noch nicht ganz wahrhaben, dass das wirklich das Problem war, aber: Es war es tatsächlich. Und es schien groß zu sein.

»Wer sagt das?«, fragte ich.

»ICH sage das! Und da spreche ich für mein Land.«

»Also, ähm, sorry, bei uns zu Hause wurde das nie so gemacht.«

»Was ist das für cin unangebrachter Maßstab?«

»Und in der Miracoli-Werbung, in der Mama Miracoli Federico und die anderen Kinder zum Essen ruft, da vermischt sie die Pasta auch nicht mit der Soße, sondern kleckst die Soße obendrauf auf die Portion im Teller, damit es hübsch aussieht.«

»Wovon redest du da?«

»Von Mama Miracoli und von der berühmten, italienischen Fertigmischung.«

»Niemand in Italien hat je von Mama Miracoli gehört.* Deshalb solltest du ihr auch nicht trauen. Was bereitet diese böse Frau denn sonst so zu? Pizza Hawaii, die größte Sünde

---

* Die Aussage, niemand in Italien habe jemals von (Mama) Miracoli gehört, ist objektiv zu 100 Prozent wahr, denn Miracoli-Produkte wurden für den deutschen Markt entwickelt und sind in Italien gänzlich unbekannt. Genauso wie zum Beispiel auch der »französische« Weichkäse Géramont in Frankreich völlig unbekannt ist. C'est bon? C'est bon?

auf Erden? Und außerdem, hab ich das richtig rausgehört, dass du die Soße mit einer FERTIGMISCHUNG gemacht hast?«

»Ähm ...«

»Ich kann das nicht essen! Niemals!«

Er schob den Teller von sich, weit über die Mitte des Tischs hinaus.

»Aber ich hab mir doch solche Mühe ...«

»Und ich habe mich auf Pasta gefreut. Auf original italienische Pasta. Wie sie meine Mutter macht.«

»Hast du die heute eigentlich schon angerufen?«

»Lenk nicht ab. Natürlich hab ich sie schon angerufen. Aber zurück zum Thema. Es gibt nur einen Ausweg: Wir gehen jetzt zu einem echten Italiener und essen dort.«

»Meinetwegen.«

»Hast du auch Nachtisch gemacht?«

»Nee, wieso?«

»Weil du mir einen Löffel hingelegt hast.«

»Der ist zum Spaghetti-Essen.«

»Ich bin noch nie in meinem Leben so beleidigt worden!«

»Bitte was?«

»Die einzigen Leute, die zum Spaghetti-Essen einen Löffel brauchen, sind Kinder unter drei Jahren und Deutsche. Also, wir gehen!«

Das war wohl eine gute Entscheidung. Seit dem großen Pastadesaster von 2018 gehe ich mit dem Thema sehr viel sensibler um, was hauptsächlich heißt: Andrea kocht. Das ist das Beste, für die Völkerverständigung und für uns beide. Mir wird nach wie vor niemals ein Löffel hingelegt, wenn es Spaghetti gibt. Da ist er knallhart in der Erziehung.

Noch einmal danach dachte ich, die Pastasituation könnte wieder brenzlig werden, als er bei einer Familienfeier in Baden-Württemberg Nudelsalat mit Mayonnaise vorgesetzt bekam. Zum Glück hatte er aber gar keinen Hunger gehabt.

Auf der Feier wäre es fast zu einer ganz anderen Katastrophe gekommen, die ich nur durch meinen heldenhaften Einsatz verhindern konnte. Ich konnte Andrea die Weizenbierflasche noch gerade rechtzeitig aus der Hand schlagen, sonst hätte er direkt aus ihr getrunken. Muss man sich mal vorstellen. Ein Weizenbier, direkt aus der Flasche, nicht aus dem Weizenglas. Das wäre ja was gewesen! Unvorstellbar.

MARIA HILF!

In den frühen 2010ern befand ich mich auf einer endlosen Vorlesetour durch Österreich. Ich hatte mir gerade in Wien mein iPhone 2 stehlen lassen und war einen Tag zu früh in Graz gestrandet, genauer im Zimmer 12 des Hotels *Maria Hilf* in der Mariahilferstraße. Dort gab es im Badezimmer eine überdimensionierte, opulente Wanne, derentwegen ich das Zimmer auch angemietet hatte.

Auf meine Nachfrage an den Rezeptionisten, ob es denn okay sei, im Bad zu rauchen, wurde ich angesehen, als sei ich irgendwie zurückgeblieben. »Des kümmert mi net, wos Sie in Ianam Zimmer mochen«, gab er mir Auskunft und schüttelte heftigst den schon vollroten Kopf, so heftig, dass ich Sorge hatte, er könne sich aus seiner Halsverankerung lösen und jeden Moment entweder Richtung Schlüsselkästchenregal oder mir entgegenfliegen. Als ich mich langsam rückwärts von ihm entfernte, fügte er an: »Rauchens! Auf! Rauchens Iana die Lunge aus dem Leib!«

Da ich es gewohnt bin, Autoritäten zu gehorchen, tat ich, wie geheißen, ließ mir auf Zimmer 12 ein dampfendes Bad ein, nahm, wie immer, wenn ich meine Nachmittage in österreichischen Hotelzimmerbadewannen verbringe, ein beruhigendes Buch von Thomas Bernhard zur Hand und tat in den nächsten Stunden mein Bestes, um um mich herum einen Luftzustand der größtmöglichen Undurchsichtigkeit herzustellen. Der Rezeptionist nickte anerkennend, als ich später begleitet von wabernden Rauchschwaden mein Zimmer verließ.

Am Abend machte ich mich auf den Weg zum Auftritt, trat aus dem Hotel *Maria Hilf*, wendete mich nach links, folgte der Mariahilferstraße, bis ich am Mariahilferplatz ankam. Dort, am Rand des Mariahilferplatzes, stand die Mariahilferkirche. Steht sie immer noch, Stand jetzt. Und ich stand daneben, auf dem Mariahilferplatz. Oder, wie man es im Gastgeberland ausdrückt: am Platz. Man steht stets am Platz in Österreich, niemals auf, was in mir immer die Vorstellung aufkommen lässt, die Leute dort stünden ständig in der Nähe irgendwelcher Plätze herum, was »am Platz« nun mal in meiner Auffassung bedeutet, und nie tatsächlich auf den Plätzen. Am Platz.

Verehrte Österreicher, küss die Hand, und an dieser Stelle ein lieb gemeinter Hinweis, um diese sprachliche Differenz aufzulösen:

Stellt euch bitte einen Fußballplatz vor, da stehen die Spieler auf dem Platz und die Zuschauer am Platz. So weiß man immer, wer sich wo befindet und wer welche Rolle hat. Wenn alle am Platz stehen und man das nicht unterscheidet, führt es nur zur Verwirrung, und man weiß nicht, ob die Spieler neben oder die Zuschauer auf dem Platz stehen. Wobei vielleicht genau das, die örtliche Gleichstellung von Zuschauenden und Spielenden, die Qualität des österreichischen Fußballs erklärt, wer weiß.

Ich stand also am Mariahilferplatz. Und entfernte mich von ihm, weil ich ja zum Auftritt musste. Was ich nicht ahnen konnte, war, dass mir der schwerste Konflikt meines Auslandsaufenthalts unmittelbar bevorstand.

An der Bar in den *Minoriten*, hinter der Mariahilferkirche, bestellte ich bei einem älteren Herrn eine Weißweinschorle, oder besser, versuchte es.

Er: »Wos wüist?«
Ich: »Eine Weißweinschorle, bitte«
Er: »Des kenn i nöd.«
Ich: »Sie kennen keine Weißweinschorle?«
Er: »Wos is dös? Wos soll des sei?«
Ich: »Wein mit Wasser. Also Weißwein. Mit Sprudel, also mit Blubb.«
Er: »I waas nöd, was du maanst. I versteh di nöd.«
Ich: »Ja also ich weiß jetzt auch nicht, wie ich das noch deutlicher erklären soll.«
Er: »Was is des für a Sprochn, die du sprichst?«
»Jetzt mach ihm an Weißen Spritzer, und hör auf, di dumm zu stellen«, mischte sich seine Kollegin ein und schob sich ins Bild. Der Alte lachte kehlig und holte Wein und Wasser unter der Theke hervor.
Sie: »Des macht der immer, wenn a Deutscher bestellt. Denk dir nix dabei, Bua.«
Ich: »Danke, Frau, äh ...«
Sie: »I bin die Maria. I helf hier.«

SCHIFFSTAUFE

Niemals, und wenn ich niemals sage, meine ich: niemals – es war so ausgeschlossen, wie freitags nach 11 Uhr einen Angestellten der städtischen Verwaltung zu erreichen – wirklich niemals also wäre ich auf den Gedanken gekommen, freiwillig an einer Kreuzfahrt teilzunehmen. Meine einzigen Berührungspunkte mit Kreuzfahrten waren *Das Traumschiff* im ZDF, noch unter Altkapitän Sascha Hehn und mit einer für meinen Geschmack etwas zu optimistischen Sicht auf heiße Urlaubsflirts im gehobenen Alter, und Reiseberichte meiner Eltern. Wie es sich gehört, hatten sie pünktlich zum Renteneintritt ihre Leidenschaft für die Erkundung der Welt auf dem Seeweg entdeckt und kannten kaum noch andere Themen als die gerade absolvierte und die gerade bevorstehende Kreuzfahrt, die sie während der gerade zurückliegenden Kreuzfahrt auf dem Kreuzfahrtschiff gebucht hatten, denn bucht man eine zukünftige Kreuzfahrt während einer aktuellen Kreuzfahrt, dann gibt's Rabatt, Kreuzfahrtrabatt! Kreuzfahrt, Kreuzfahrt, Kreuzfahrt. Glückselig schwärmten sie von Reisen mit der *Mein Schiff* 5 nach Griechenland, der *Mein Schiff* 2 nach Skandinavien, der *Mein Schiff* 6 auf die Kanaren, der *Mein Schiff* 27 an den Nordpol zum Weihnachtsmann, irgendwann verlor ich den Überblick. Ich hörte mir die blumig ausgeschmückten Reise- und Abenteuererzählungen interessiert an, spielte Erstaunen über die dreißig Gigabyte an Foto- und

Videomaterial der Schiffe, die sowieso alle gleich aussahen, und vermutete insgeheim, dass meine Eltern vielleicht in eine Art Sekte geraten waren, die *Mein-Schiff*-Sekte.

»Ihr dürft aber auch wieder von dem Schiff runter, ohne dass ihr gleich eine neue Kreuzfahrt buchen müsst, oder?«, fragte ich einmal besorgt nach. »Also theoretisch wär' das zumindest möglich?«

Meine Eltern versuchten ihr Bestes, mir glaubhaft zu versichern, dass keinerlei Erpressungsverhältnis zwischen *TUI Cruises* und ihnen bestehe und die Schiffsreisen auch keine getarnten Kaffeefahrten seien, sondern wirklich nur eine sehr angenehme Art, den Urlaub zu verbringen, und Urlaubszeit hätten sie jetzt ja reichlich. Was ich aus dieser Aussage heraushörte: »Christian, dein Erbe ist nicht mehr so sicher wie immer geglaubt.«

Wie ich, glaube ich, deutlich gesagt habe: Ich konnte mit alldem wirklich überhaupt nichts anfangen. Dann ist dies und das passiert. ›Dies und das‹ in der Kurzversion: Eine weltweite Pandemie brach aus, die unter anderem zur Folge hatte, dass die für die allabendliche Unterhaltung zuständigen Musicalensembles auf Kreuzfahrtschiffen aufgrund von Abstandsregeln auf den Bühnen nicht mehr auftreten konnten. Stattdessen wurde das Entertainmentprogramm dahingehend umstrukturiert, dass vermehrt Gastkünstler mit ihren Soloprogrammen gebucht wurden, denn die stehen oder sitzen nur alleine auf der Bühne, und ihre größte Herausforderung ist lediglich die, Abstand vom allüberall erhältlichen Gratisalkohol, also den zwanzig Schiffsbars zu halten, damit sie ihr Programm noch einigermaßen fehlerfrei aufsagen können. Ich persönlich hatte zufällig und vor allem durch die zeitweise Schließung aller Kulturstätten in Deutschland überhaupt keine Auftritte und ziemlich viel Freizeit, so kam eines zum anderen. Die Anfrage landete auf meinem Schreibtisch, ich hielt sie für einen Witz und antwortete nicht. Nachdem mir versichert wurde, dass das Angebot ernst gemeint sei, mich Kurzgeschichtenlesungen auf einem Schiff geben zu lassen, erbat ich mir ein wenig Bedenkzeit und holte mir Rat.

Meine Eltern waren völlig aus dem Häuschen und ein bisschen neidisch, denn sie würden auch gerne mal dafür bezahlt werden, eine Kreuzfahrt zu machen, meinten sie. Ich entgegnete, dann hätten sie wohl besser mal einen ordentlichen Beruf lernen sollen wie Clown, Zauberer, Keulenakrobat oder Comedian, aber dafür sei es jetzt wohl zu spät, Pech gehabt. Jedenfalls rieten sie mir, in unserem Videotelefonat die Fähnchen der betreffenden Reederei schwingend, dringendst zuzusagen.

Die Meinungen unter meinen Kolleg:innen und Freund:innen gingen dagegen ziemlich weit auseinander. Wenn ich auf Kreuzfahrtschiffen auftrete, könne ich ja gleich Baumärkte eröffnen, meinten einige, das sei ja wohl wirklich der natürliche Endpunkt einer jeden Karriere, woraufhin ich irritiert nachfragte: »Welche Karriere?« Andere meinten, etwas Besseres könne mir überhaupt nicht passieren, mit verschiedenen Begründungen: frische Seeluft, der Ozean als rechtsfreier Raum, Casino an Bord für meine Spielleidenschaft, you name it.

Ich entschied, dass man alles mal vorurteilsfrei ausprobieren sollte im Leben, und warf meine Bedenken über Bord (haha, über Bord), kaufte mir im Secondhandladen eine Matrosenmütze für den maritimen Touch, unterschrieb einen fünfzigseitigen Vertrag, ohne ihn gelesen zu haben, und zack, saß ich in dreißig Metern Höhe auf dem Außendeck eines Kreuzfahrtschiffs mit einer Bloody Mary in der Hand.

»Also, ich fasse mal zusammen«, sagte ich zu meiner zufälligen Sitznachbarin, die mich schon etwas über die örtlichen Gegebenheiten meines neuen, schwimmenden Zuhauses aufgeklärt hatte: »Es gibt hier an Bord ein Casino, eine Disco, einen Friseursalon, ein Malatelier und sogar ein Tattoostudio ... Fehlt ja nur noch 'ne Dönerbude, was?«

»Die ist auf Deck 12«, erklärte sie nüchtern.

»Ach so«, sagte ich. War mir gar nicht aufgefallen.

Was mir hingegen sofort aufgefallen war: Der Sektengedanke war gar nicht so falsch. Die meisten der an den Bistrotischchen der Open-Air-Bar *Außenalster* um uns versammelten Leute waren mit mir zusammen angekommen und gerade an Bord gegangen, trotzdem kannten sich viele von ihnen bereits untereinander von früheren Kreuzfahrten. Da wurde in Erinnerungen geschwelgt und Destinationen, Reiselängen und Routen verglichen, als gäb's kein Morgen mehr. Jedes Land der Welt wurde erwähnt, die Laufwege innerhalb der Häfen und die Anlegekünste von Kapitänen besprochen, einige prahlten mit sehr nerdigem Detailwissen über die Ausstattung der verschiedenen Schiffe der Flotte, etwa die Anzahl der Dampfbäder im Wellnessbereich oder die Länge der Joggingstrecke auf Deck 14. Wen interessiert das? Antwort: die anderen, die sehr über diese Informiertheit staunten. Es fielen Sätze wie »Unter dreißig Meter Schiffsbreite fühl ich mich 'n bisschen eingeengt« und »Bei der Reederei buchen wir nicht mehr, die haben ja nicht mal 'ne Nespresso-Maschine in der Kabine.«

Als es irgendwann um Island ging, dachte ich, endlich sei

meine Zeit gekommen, mich am Gespräch zu beteiligen, und warf ein, dass ich auch mal in Island war.

»Mit welchem Schiff denn?«, wurde ich gefragt.

»So ganz ohne Schiff. Ich bin da, äh, hingeflogen. Mit dem Flugzeug.«

Die Gruppe beäugte mich irritiert und skeptisch. »Keiner von uns«, sagten die Blicke. Und ich bin mir sehr sicher, dass einige von ihnen sich außerdem dachten: »Das geht? Urlaub ohne Schiff dabei? Ohne sicheren Hafen im Hafen? Das machen Leute? Crazy.«

Mit Freude ging ich zurück in die Beobachterrolle. Ich überlegte, vielleicht meine Eltern anzurufen und mithören zu lassen, denn sie könnten wahrscheinlich mehr mit den fachkundigen Seefahrtschilderungen anfangen oder sich sogar beteiligen. Mit an Sicherheit grenzender Wahrscheinlichkeit würden sie sogar einige der um mich Sitzenden kennen.

Aber dann passierte was: In großen, gleichmäßigen Schritten kam ein stattlicher Herr in strahlend weißer Uniform angelaufen, die Gespräche verstummten, Ehrfurcht und Unterwürfigkeit erfüllten die frische Seeluft um uns herum. Die an der Bar anstehenden Passagiere wichen auseinander und bildeten ein Spalier für ihn. Er ging zum Tresen und bestellte zwei Schnäpse, die er in unter fünf Sekunden vor sich hatte. Er nahm die Stamperl, schritt zur Reling und kippte die Schnäpse über Bord. Die Leute applaudierten, er machte sich wieder davon.

»Gut hat er das gemacht«, sagte einer.

»Was genau hat er da gemacht?«, fragte ich verwundert.

»Er hat das Meer besänftigt, damit's keinen schweren Seegang gibt«, wurde mir erklärt.

»Mit Schnaps?«

»Ja natürlich, mit was denn sonst? Mit Lumumba wohl nicht.«

»Und das ist …«

»Tradition! Alte Seemannstradition!«

»Ach so, klar«, sagte ich, als könnte ich es wirklich nachvollziehen.

»Dein erstes Mal auf 'nem Schiff, was?«

»Merkt man das?«

»Wir müssen dir mal ein bisschen was erklären.«

Ich hatte mich vorher, als ich den Schiffsplan studiert hatte, schon gefragt, wo eigentlich das Deck 13 abgeblieben ist. Es ist einfach nicht vorhanden. Auf Deck 12 folgt Deck 14. Einen gewissen Überhang zum Aberglauben hatte ich auch angenommen, als ich festgestellt hatte, dass alle Gästekabinen des Schiffs mit sogenannten Heilsteinen ausgestattet sind, die man sich in eine Karaffe legen soll, um das darin enthaltene Wasser zu »energetisieren« und so »die Schwingungen der Steine an den Körper weiterzugeben«, oder in anderen Worten: esoterischer Unsinn. Aber immerhin kosten die Steine nichts extra, also hab ich mein Wasser in der Karaffe natürlich *energetisiert*, vielleicht schmeckt's ja besser. Wenn man ganz fest daran glaubt.

Was mir außerdem beigebracht wurde und jeder wissen sollte, der ein Schiff besteigt: Befindet man sich an Deck, darf man auf keinen Fall pfeifen. An Deck pfeift nur der Wind. Wenn man trotzdem pfeift, beschwört man den Sturm herauf. Find ich sehr logisch.

»Nicht pfeifen«, notierte ich mir auf meinen Merkzettel. »Sonst noch was?«

Ich lernte außerdem, dass ein Schiff niemals von einem Mann getauft werden darf, die Taufpatin muss immer eine

Frau sein, mit gewissen Einschränkungen. Die Frau, die das Schiff tauft, darf keine roten Haare haben, keine grünen Kleider tragen und nicht schwanger sein. Will ich wissen, warum? Nein. Mir reicht es völlig, dass ich nie in die Verlegenheit kommen werde, ein Schiff taufen zu müssen, das nimmt enormen Druck von mir. Was passiert übrigens, wenn die Taufpatin zufällig doch rothaarig ist, ein grünes Kleid trägt oder schwanger ist? Unglück! Großes Unglück! Nicht näher definiert. Genauso, wie wenn bei der Schiffstaufe die Champagnerflasche nicht am Bug zerschellt, sondern ganz bleibt. Dann kann man das Schiff quasi gleich versenken. Aber keine Sorge, wurde mir gesagt: Bei der Taufe unseres Schiffs ist die Flasche zersprungen, und die Taufpatin war Helene Fischer. Im weißen Kleid und unschwanger.

»Gott sei Dank«, stieß ich aus und war ehrlich erleichtert.

Vielleicht hatte ich mich schon ein bisschen zu sehr in diese wunderliche Seefahrtswelt hineingesteigert, in der die pure Vernunft offensichtlich nicht immer das Ruder in der Hand hat und auch sehr viel vom Dranglauben abhängt. Aber vielleicht muss man die Vernunft generell auch ein bisschen ablegen, wenn man ohne eigentliches Ziel nur zum Spaß mit einem Schiff auf dem Ozean herumschippert, um irgendwann wieder dort anzukommen, wo man losgefahren ist.

Fürs Erste hatte ich genug gelernt, mehr als genug. All die Informationen mussten erst mal sortiert werden, und über den Klabautermann hatte ich noch gar nichts erfahren. Ich verabschiedete mich dankend von meinen neuen Bekannten und machte mich übers Oberdeck auf den Weg in meine Kabine, um nachzusehen, wie energetisiert mein Wasser schon ist.

Huch, Moment, dachte ich, hatte ich gerade aus Versehen gepfiffen?

VON DRAG QUEENS UND ZAUBERERN

Nach einer Woche auf hoher See hatte ich mich in meinem schwimmenden Zuhause eingelebt. Ich hatte meine ersten Erfolge am Shuffleboard gefeiert und den Jackpot beim Bingoabend nur knapp verfehlt, aber als Trostpreis immerhin ein »romantisches Fotoshooting am Schiffsbug bei Sonnenuntergang« gewonnen. Bisschen blöd, dass ich ohne Begleitung auf dem Schiff war, ich habe trotzdem mein Bestes getan, um so romantisch wie möglich zu posieren. Mit zurückgegelten Haaren, einer Plastikrose in der Hand und meinem Hemd um den entscheidenden Knopf mehr geöffnet, der aussagt: »Im romantischen Kontext bin ich extrem leicht zu haben.« Sollte bei RTL mal *Prince-Charming*-Notstand ausbrechen, mit den Bildern wäre ich jetzt gewappnet. Außerdem hatte ich herausgefunden, in welchem der Frühstücksrestaurants es Eggs Benedict ohne Aufpreis gibt und an welcher Bar ein »kleiner Weißwein« standardmäßig im Weizenbierglas serviert wird.

Da das Schiffs-WiFi rund 300 Euro pro Megabyte kostet, hatte ich mich der digitalen Kommunikation völlig entwöhnt, was mir die Tage angenehm lang erscheinen ließ. Über die Informationen zu verfügen, wer meiner Kontakte gerade wo sonst auf der Welt urlaubt, wie dort der Strandabschnitt genau aussieht und welche Säue momentan aufgeregt durchs Twitter-Dorf getrieben werden, erschien mir so herrlich überflüssig, wie mir einen Wecker zu stellen, denn auf den Weckruf des Kreuzfahrtdirektors via Lautsprecherdurchsage um Punkt 9 Uhr morgens war Verlass: »Guten Morgen, meine Damen und Herren Passagiere, liebe Kinder! Reise, Reise!«

Weshalb genau er uns täglich so nachdrücklich daran erinnerte, dass wir auf einer Reise sind, fragte ich mich zwar schon, aber wie gesagt: Google war nicht unter den Mitreisenden.*

Die wichtigsten Laufwege auf dem Schiff hatte ich mittlerweile eingeübt, nur ganz selten bin ich noch in den falschen Gang eingebogen, weil ich dachte, ich sei gerade Richtung Heck und nicht Richtung Bug unterwegs, und stand dann nicht vor meiner Kabine, sondern vor der Saftbar (einer der absolut besten Rückzugsorte übrigens, weil sich dort wirklich nie jemand aufhält). Das Beruhigende ist, dass man sich mit einer gewissen Orientierungslosigkeit innerhalb des Schiffs keinesfalls allein fühlen muss, weil man mit großer Regelmäßigkeit auf vom rechten Weg abgekommene, herummäandernde Mitpassagiere trifft, mit denen man gemeinsam überlegen kann, wo jetzt eigentlich gerade Backbord und Steuerbord ist, was davon noch mal links und was rechts ist und ob es nicht vielleicht die bessere Idee sei, statt dem eigentlichen Ziel zusammen die nächste Bar aufzusuchen, denn die findet man immer leicht.

Eigentlich und hauptsächlich war ich ja aber – wir erinnern uns – auf diesem Schiff, um meine Texte vorzulesen. Wie

---

* »Reise, Reise« hat mit einer Reise an sich überhaupt nichts zu tun, es ist ein seefahrtspezifischer Weckruf, der auf das niederdeutsche »rise« zurückgeht, das dem englischen »to rise« ziemlich ähnlich, genau genommen sogar identisch ist. »Reise, Reise« bedeutet nichts anderes als »Aufstehen, aufstehen«.

war das eigentlich gelaufen? Ich möchte es ganz bescheiden in einem Wort ausdrücken: spektakulär. Mit einem zweiten Wort möchte ich die Verhältnisse wieder etwas geraderücken: unangemessen spektakulär.

Im Detail: Bevor meine Premiere anstand, sah ich mir zur Recherche die an Special Effects nicht gerade armen Shows meiner Kollegen an, genauer die des Zauberers und die der Drag Queen. (Fun Fact am Rand: Kein Kreuzfahrtschiff der Welt darf ohne Zauberer und Drag Queen an Bord aus dem Hafen auslaufen, alte Seemannsregel.) Das Theater des Schiffs erstreckte sich über zwei Decks und bot Platz für tausend Zuschauer. Die Bühnentechnik war auf Musicalshows mit fünfzig Mitwirkenden ausgelegt, auf den großen Auftritt, die Illusion. Es gab drei Hebebühnen und eine Drehbühne, auf mehreren Ebenen unendlich kombinierbar. Eine Showtreppe konnte hochgefahren werden, durch die sich pneumatisch und hydraulisch hebenden und senkenden Bühnenelemente der Wellengang simuliert werden. Eine zwölf Meter durchmessende LED-Wand und vierhundert steuerbare Scheinwerfer rundeten das Angebot ab. Ich glaube, es geschah, als die Drag Queen »Run Baby Run« sang und dazu immer schneller auf der Stelle auf der sich drehenden Bühne rannte, spätestens aber, als der Zauberer vom Boden abhob und über den Zuschauerrängen schwebte. Da dachte ich mir: Ich sollte mal ein bisschen an meiner Bühnenshow arbeiten. In den Locations, in denen ich sonst so auftrete, ist es das höchste der Gefühle, wenn beide Bühnenscheinwerfer gleichzeitig funktionieren. Die Regel bezüglich des technischen Equipments ist eher die abenteuerliche Improvisation, und über allem steht das verlässliche Credo des Haustechnikers: »Das merkt schon keiner, dass das nicht geht.«

In den kommenden drei Tagen vertiefte ich mich also in das Finetuning meiner Bühnenshow, wob die neuen Möglichkeiten ein und probte unablässig. Dann stand das Intro.

Nachdem der Kreuzfahrtdirektor mich angesagt und in den höchsten Tönen angepriesen hatte, wie üblich versehen mit Pressezitaten, die ich mir irgendwann selbst ausgedacht und ihm untergejubelt hatte (so läuft das Showbusiness), konnte sie losgehen, die große Christian-Ritter-Kreuzfahrtschiff-Show-Theater-Premiere. Auf der LED-Wand erschien ein Countdown, der von 60 nach unten zählte, Bühnennebel schoss aus allen verfügbaren Düsen. Mystische Klänge und ein dunkler Technobeat bildeten die musikalische Untermalung, versehen mit Walgesängen, Möwengeschrei und Paukenschlägen, unterbrochen von Audioschnipseln bedeutender Zitate der Zeitgeschichte: »Mr. Gorbatschov, tear down this wall!« (Ronald Reagan), »Wir haben so vieles geschafft, wir schaffen das!« (Angela Merkel), »Herzlich willkommen, Karl Lauterbach« (Markus Lanz).

Ich hatte einen Artisten aus der sich an Bord befindlichen kroatischen Tanztruppe zu einem Gastauftritt überreden können. Als der Countdown bei 30 stand, kam er nur in weißen Leggings bekleidet und oberkörperseitig stark eingeölt im Flickflack auf die Bühne geturnt, griff sich eine der bislang nicht erwähnten brennenden Fackeln am Bühnenrand und spie Feuer über das Publikum hinweg. Die Dramatik der Musik steigerte sich noch einmal, Suchscheinwerfer wanderten über die Zuschauerränge, Polizeisirenen und ein Schiffshorn erklangen, der Bühnenboden öffnete sich, und aus der Versenkung heraus fuhr ich, an meinem Schreibtisch sitzend durch das Nebelmeer zwei Meter in die Höhe. Es gab einen großen Knall, ein Funkenregen ging nieder, und ich sagte: »Hallo, ich les jetzt ein paar Geschichten vor.«

Da so ziemlich jede Unterhaltungsshow auf einem Kreuzfahrtschiff so beginnt, waren die Zuschauerreaktionen eher verhalten. Braves Applaudieren, einige gähnten. Ich hatte nicht mehr getan, als den absoluten Mindeststandard zu erfüllen. Aber immerhin war schon eine Minute der Zeit herumgebracht, die Show musste damit nur noch 44 Minuten gehen. Da sonst üblicherweise im Lauf des Programms noch das ein oder andere bühnentechnische Highlight folgt, ich aber all mein Pulver schon im Intro verschossen hatte und der Rest des Auftritts daraus bestand, sitzend am Schreibtisch eine Kurzgeschichte nach der anderen vorzulesen, versehen mit Übergängen wie »Ja gut, das war diese Geschichte, dann lese ich jetzt, äh, 'ne andere Geschichte«, hielt sich die Stimmung eher auf unterem Niveau.

Im Interesse aller wurde entschieden, dass ich ab jetzt vielleicht lieber auf der kleinen Studiobühne in der Schiffsmitte auftreten solle, da fielen mittelmäßige Leistungen nicht so sehr auf. Fand ich nur fair.

»Es gibt da aber noch eine Möglichkeit, dich wieder auf die große Bühne zu holen«, sagte der Kreuzfahrtdirektor in der Feedback-Runde. »Du kannst es dir wahrscheinlich schon denken: Trittst du eigentlich auch als Drag Queen auf?«

SAUNIEREN BEI SEEGANG

Gegen Mitte meiner zweiten Kreuzfahrtwoche war der Ritt auf den Wellen ein wilder geworden, unser Schiff war ein Schaukelschiff. Vielleicht hatten doch zu viele Leute ein fröhliches Lied auf dem Außendeck gepfiffen und damit das Unglück heraufbeschworen. Oder, abwegiger Gedanke: Vielleicht passiert das einfach ab und an. Auch wenn man es gelegentlich vergisst, wenn man gerade am Kurs »Malen mit Kaffee« teilnimmt, sich im Tattoostudio auf Deck 12 ein süßes Einhorn tätowieren lässt oder einen Brotbackkurs absolviert: Man ist immer noch auf einem Schiff. Das schwimmt. Da kann's mal schaukeln, wenn's windet und es Wellen gibt, das ist im Reisepreis enthalten und kein Grund zur Beanstandung, auch wenn man sonst auf dem Jahrmarkt nicht so gern Wildwasserbahn fährt. Man ist *Teil der Natur, eins mit den Gezeiten* mit seinem schwimmenden Hotel mit Einkaufsmeile und Fußballplatz. So weit der rationale Aspekt. Wenn der Gleichgewichtssinn aber mehrere Tage in Folge gechallenget wird, kann es auch mal irrational werden. Unter den Passagieren machten sich recht eigenartige Verhaltensmuster breit:

Eine Gruppe junger Männer, soweit ich mitbekommen habe, ein Junggesellenabschied aus Schleswig-Holstein, hatte sich ein Spiel ausgedacht: Sie liefen mit langen, dünnen Seilen herum, die sie sich um die Hüfte gebunden oder um die Schulter geworfen hatten wie Cowboys. Sobald der Kapitän eine Durchsage machte und es in den Lautsprechern knackte, gingen sie in Habachtstellung, nahmen die Seile zur Hand und warteten auf den entscheidenden Satz: »Zu Ihrer Information: Der Wind weht in Windstärke 5 und wir sind gerade mit 20 Knoten unterwegs.«

»20 Knoten«, brüllten sie dann und legten los, unter Anfeuerung der Fanclubs, die sich mittlerweile gebildet hatten. Wer als Erster die richtige Anzahl Knoten in sein Seil geknotet hatte, hatte gewonnen. Unter den Passagieren wurden auch Wetten abgeschlossen, an deren Anzettelung ich nicht so ganz unschuldig war. Mein Favorit, Malte, hatte schon zweimal den Sieg davongetragen.

Es gab noch andere Bewältigungsstrategien. Der Tattoo-Artist erzählte mir, dass es seinen Kunden mittlerweile völlig egal sei, was genau er ihnen wohin auf den Körper oder ins Gesicht tätowierte, sie wollten durch den Schmerz beim Stechen nur etwas Ablenkung vom permanenten Gewackel spüren, das ihnen in den Kopf übergegangen war.

Ich selbst verbrachte, wenn ich nicht des Knotenspiels wegen auf Maltes Fersen war, große Teile meiner Zeit im Fitnessstudio. Dort ging ich gern an die Rudermaschine, schaltete im Fernseher vor mir die Frontkamera des Schiffs zu und bildete mir ein, ich selbst würde allein mit meiner unermüdlichen Muskelkraft das Schiff antreiben. Das motiviert richtig, ich kann's nur empfehlen.

Nach einigen Tagen dieser Routine befürchtete ich aber, meine neu auferstandenen Brustmuskeln könnten meine drei Hemden sprengen, die ich dabeihatte, also plante ich eine längere Erholungsphase ein, in der ich auch mal die Wellnessangebote des Schiffs erkunden wollte. In die Versuchung, die

Sauna aufzusuchen, war ich vorher überhaupt nicht gekommen, was mit der konstanten Außentemperatur von 35 Grad zusammenhängen könnte, die einen eigentlich nicht auf die Idee kommen lässt, sich freiwillig noch heißerer Luft auszusetzen, aber das bestechend einfache Gegenargument lautete, wie eigentlich immer: Die Sauna kostet nichts extra. Also machte ich mich, gehüllt nur in meinen weißen Bademantel, auf den beschwerlichen und wippenden Weg. Um die überraschend auftretenden Schwankungen des Bodens, die Seit- und Vorwärtshoppler des Schiffs bestmöglich auszugleichen, bewegte ich mich so breitbeinig wie möglich, also so breitbeinig, wie ein Alpha-Cis-Mann standardmäßig in der U-Bahn sitzt. Jedes Geländer und jede Wand zum Abstützen war ein Geschenk, und wenn ich mal ein paar Meter ohne Hilfestellung geradeaus gehen musste, breitete ich die Arme aus.

»Schau mal, Mama, der Mann spielt auch Flugzeug«, hörte ich eine Kinderstimme fiepsen.

»Aber nein, Ursula, der ist nur betrunken«, erklärte die Mutter. Womit sie nicht ganz falsch lag, ich hatte am Abend auftrittsfrei und es mir angewöhnt, an solchen Tagen dem Frühstückskaba einen kleinen Schuss hinzuzufügen. Man schwimmt halt mit dem Strom.

Ohne größere Zwischenfälle kam ich im Wellnessbereich an, in welchem zurückhaltende meditative Harfenmusik aus versteckten Boxen gespielt wurde. Das ist ja apart, dachte ich, sie haben sämtliche Handtücher auf dem Boden ausgelegt, wie einen großen, grünen Teppich. In Wahrheit hatte sie der Seegang aus ihren Regalen befördert. Ich legte meinen Mantel ab, überstieg das Handtuchmeer, schnappte mir ein beliebiges heraus und kam endlich am Ziel meiner Wellnessträume an: in der Panoramasauna mit Glasfront und üppigem

Ausblick auf den Ozean, der Oase der Entspannung, dem Refugium der Ruhe, das erstaunlicherweise sehr gut besucht war. Auf den Holzstufen angeordnet sah ich sicherlich vierzig vor Schweiß glänzende, stoisch dasitzende Menschen. Sie wirkten wie auf Hochglanz polierte Buddha-Statuen. Auf der Suche nach einem freien Platz ließ ich den Blick herumschweifen und dachte mir: Ja gut, hier ist auch nix, was ich nicht schon mal in schöner gesehen hab.

Das ist ja das Gute an der Sauna: Man zeigt, was man hat, und wenn das, was man hat, nicht so vorzeigbar ist, ist niemand enttäuscht. Weil es der absolute Normalfall ist. Die Sauna im gemischten Wellnessbereich ist der einzige Ort, an dem alle nackt sind, alle schwitzen, gelegentlich einer stöhnt und trotzdem keinerlei sexueller Vibe aufkommt. Die Sauna ist auch der einzige Ort, an dem man »Den Badeanzug solltest du besser ausziehen« sagen kann und einem das nicht als Belästigung ausgelegt wird, sondern als Nächstenliebe. Die Sauna kennt nur zwei Regeln: Haut wird gezeigt. Und die Haut darf nicht aufs Holz. Niemals.

Tagesaktuell fügte ich für mich selbst eine dritte Regel hinzu: nicht umfallen beim Versuch, das Stück freie Bank zu erreichen, das ich erspäht hatte. Das Schwanken des Schiffs war um einiges heftiger geworden, seit ich die Kabine verlassen hatte. Was aber außer mir niemandem Probleme zu bereiten schien. Ich setzte mich erfolgreich und merkte gleich: Das hier um mich herum ist der wirklich harte Kern. Diese Leute haben schon viel durchgemacht im Leben. Hauptsächlich Kreuzfahrten. Woher ich das wusste? Sie erzählten davon.

»Das bisschen Seegang«, brummte einer. »Das ist doch 'n Klacks. Wir als erfahrene Seebären sind doch einiges gewohnt.«

»Was genau ist denn Ihre Erfahrung?«, fragte ich.

»Rumliegen, essen, trinken, Landausflüge.«

»Ach so.«

»Das aber wirklich im professionellen Bereich. Seit 1992, ich war schon auf der *MS Deutschland*.«

»Mhm.«

»Dem *Traumschiff*!«

»Ach!«

»Da hatte ich auch 'ne Statistenrolle. Kann Ihnen gern 'ne Autogrammkarte geben später.«

»Unbedingt!«, sagte ich.

Ein Klacken in den Lautsprechern unterbrach uns. Kein gutes Zeichen. Wenn Durchsagen überall auf dem Schiff ausgespielt werden und nicht nur in den öffentlichen Außenbereichen, geht es meist um einen Notfall. Der Kreuzfahrtdirektor meldete sich und sagte durch, dass die für den Abend geplante Trapezshow im Theater leider ausfallen müsse, da es für die Luftakrobaten nicht sonderlich sicher sei herumzufliegen, während das Schiff unkontrolliert schaukele. Er dankte für unser Verständnis.

»Mein Verständnis ist, dass das ganz schöne Luschen sind«, kommentierte eine Frau am Rand.

»Keine Berufsehre, diese Akrobaten«, ergänzte ihr Mann und wandte sich an die schwitzende Allgemeinheit. »Das is ja goa nix hier gegen die Transatlantik-Cruise, die wir mal gemacht haben. Da ging das zwei Wochen lang so, das Gewackel. Ich bin im Bett eingeschlafen und in der Dusche aufgewacht, so hat's uns da hin und her geschleudert. Der Käpt'n hatte 'nen Eimer neben dem Steuerrad stehen und war drei Tage und Nächte grün im Gesicht. Und ich sag euch was: Trotzdem gab's Entertainmentprogramm. Die Sängerin haben sie auf der Bühne festgebunden auf ihrem Barhocker, damit sie sitzen bleibt, und den Hocker, den haben sie am Boden festgeschraubt. Dann hat die Seemannslieder gesungen, richtig schöne Seemannslieder, von Hans Albers. Gesungen ist gar keine Beschreibung, eher geschrien hat sie die. Das war ganz große Kunst!«

Damit war der Wettbewerb um die beste Kreuzfahrtanekdote eröffnet. Und alle machten mit.

»Wir konnten ja mal vor Monte Carlo nicht tendern wegen der Wellen, da ging's ganz schön rund, ging das, und …«

»*La Paloma, adé, auf, Matrosen, ohé!*, so hat die gesungen.«

»Bei uns sind mal Piraten angerudert gekommen und haben uns geentert. Wussten wir erst gar nicht, was wir mit denen anstellen sollen. Der Kapitän hat sie dann ins *Atlantik Mediterran* ausgeführt, Sieben-Gänge-Menü! Dazu ordentlich Rum und nach dem Essen zusammen in den Whirlpool. Bademäntel hat er ihnen auch geschenkt. Die hatten 'nen guten Tag, die Piraten! Waren richtig happy. Sind dann freiwillig wieder abgestiegen.«

Meiner Meinung nach waren wir mittlerweile in bedenkliche Schieflage geraten, ich machte das unter anderem daran fest, dass die heißen Steine vom Aufgussofen rollten und man durch das Panoramafenster der Panoramasauna überhaupt kein Meerespanorama mehr sehen konnte, nur noch den Himmel. Es gab einen Rumms. Eine auf der oberen Sitzstufe im Liegen eingeschlafene Frau war über alle drei Stufen ganz nach unten gerollt. Die Wellnessgang reagierte angemessen: »Keine Haut auf Holz!«, rief einer.

»Ich hätte noch 'nen Eukalyptus-Menthol-Aufguss anzubieten. Hat jemand Interesse?«, fragte ein anderer.

Alle hoben die Hand. Der Mann wich auf dem Weg zum

Ofen den auf dem Boden verstreuten Saunasteinen und der sich wieder aufrappelnden Frau aus.

»Alles okay?«, fragte er.

»Ist schon Abendessenszeit?«, fragte sie zurück.

»Erst so in zwei Stunden.«

»Dann leg ich mich noch mal hin«, sagte sie und ging wieder nach oben.

Ich sah auf die Temperaturanzeige. 90 Grad.

»Wie lang sind Sie alle eigentlich schon hier drin?«, fragte ich und wurde ignoriert. Ich war es gut acht Minuten und schon nicht mehr in bester Schwitzkondition. Den Aufguss konnte ich mir aber nicht entgehen lassen, das wäre ja, wie die Oper zu verlassen, bevor der Tenor singt.

Unser privater Saunameister postierte sich in seiner ganzen Nacktheit breitbeinig am Ofen und ließ das fertig gemixte Menthol-Eukalyptus-Wasser direkt aus dem Saunaeimer auf die noch verbliebenen Steine fließen. Es zischte, Dampf stieg auf. Zeitgleich erhoben sich ganz links und ganz rechts außen zwei weitere Insassen, stützten sich am Panoramafenster ab und verwedelten mit ihren Handtüchern und der Propellertechnik die Luft. Es wirkte alles erschreckend gut eingespielt. Die Temperatur stieg schlagartig auf gefühlte 99 Grad.

»Angenehm«, hauchte einer.

»Wie viel zahlt ihr eigentlich alle für die Reise hier?«, startete ein anderer die nächste Diskussionsrunde. »Ich selbst hab da mal 'n bisschen verglichen und meinen inneren Sparfuchs von der Leine gelassen. Wir haben den Extremfrühbucherrabatt. Ich hab schon vor drei Jahren gebucht, vierzig Prozent Nachlass, weil wir noch nicht wussten, wo's hingeht. Außerdem war das Schiff noch gar nicht gebaut. War so 'ne

Sonderaktion. Dazu Innenkabine, selbstverständlich, wozu braucht man Fenster? Schlaf im Dunkeln sowieso besser. Wenn ich das Meer sehen will, geh ich an Deck oder in die Sauna, so einfach ist das. Und das Beste: Unsere Kabine wird im Moment renoviert. Hat man die Handwerker den halben Tag da, aber was soll man auch die ganze Zeit drinnen rumhocken? Noch mal fuffzig Prozent gespart. Dann hab ich mich als Aushilfskraft in der Küche registrieren lassen. Wenn da mal Not am Mann ist, rufen sie an. Wissen viele gar nicht, dass das geht. Rufbereitschaft rund um die Uhr, gut, aber als Bonus noch mal zwanzig Prozent auf den Reisepreis. Stellt euch das mal vor, zwanzig Prozent auf fuffzig Prozent von vierzig Prozent. Das ist nach Adam Riese ... weiß ich jetzt auch nicht so genau. Dazu mein todsicheres System beim Blackjack. Ich bin mir ziemlich sicher, dass ich hier am Ende mit ordentlich Plus rausgehe.«

Rausgehen, welch süße Idee, dachte ich. Aber ich bin noch immer der, der als Letztes reingekommen ist. Die Saunaehre verbietet mir das. Außerdem war ich von der Hitze nun so eingelullt und vollkommen davon ausgelastet, die Sturzbäche an Schweiß auf meinem Körper zu erspüren, dass ich die Bewegungen des Schiffs überhaupt nicht mehr wahrnahm. Ich schien einer von ihnen geworden zu sein, ein echter Kreuzfahrer.

»Wir sollten mal mit dem Käpt'n reden wegen der Akrobatikshow«, sagte ich wie von selbst in rauer Seemannsstimme vor mich hin. »Das geht ja mal gar nicht, die ausfallen zu lassen. Nur wegen dem lauen Lüftchen.«

BUS AN KOPF

Auf einem meiner ziellosen Spaziergänge durch Berlin machte ich an einer roten Fußgängerampel halt. Auf meiner wie auch auf der Gegenseite stand ein Grüppchen Leute, insgesamt wohl um die zehn, die Hälfte davon sehr offensichtlich Stadttouristen aus anderen Teilen Deutschlands, man erkannte es an ihrer Ausstattung, vor allem an den praktischen statt stylischen Schuhen. Alle Wartenden, ob Touris oder nicht, hatten eines gemeinsam: Sie waren beim Warten auf hypnotische Weise in ihre Smartphones vertieft. Die Ampel schaltete auf Grün und – nichts tat sich. Niemand bekam es mit. Niemand setzte sich in Bewegung. Weil ich das Bild so poetisch fand und ich es nicht zerstören wollte, bin ich dann auch stehen geblieben.

Ein Autofahrer in erster Reihe imitierte seinen Scheibenwischer mit der Hand. So vergingen vierzig Sekunden. Die Ampel schaltete wieder auf Rot, die Autos fuhren an, und als die Ersten von ihren Bildschirmen aufsahen, beschwerten sie sich, dass man hier ja ewig warten müsse. Was lernen wir daraus? Erstens: Wenn man es verpasst loszulaufen, bringt einem die Schrittzähler-App recht wenig. Und zweitens: Eigentlich schon eine sichere Sache, diese technikdominierte Welt.

Früher nämlich, als man sekunden- bis minutenlange Wartezeiten noch irgendwie anders überbrücken musste als mit der Aufrechterhaltung der symbiotischen Beziehung zu seinem Mobilfunkendgerät, hat man sich quasi permanent in Lebensgefahr begeben. Wir erinnern uns: Ständig ist einem der Bus gegen den Kopf gefahren. Und das meine ich nicht irgendwie sinnbildlich. Es war, zumindest in meiner Kindheit und Jugend, gang und gäbe. Man stand mitten im Gedränge der Schulkindermenge auf dem etwas arg schmalen Straßenseitenstreifen, weil man sonst nichts hatte, womit man sich beschäftigen konnte, beugte man sich interessiert nach vorne, um zu schauen, ob der Bus denn schon kommt – und dann kam er. Bumm. Allein mir ist der Schulbus dreimal über den Fuß und zweimal an den Kopf gefahren. Und ich war bei Weitem nicht Rekordhalter.

Dass irgendjemandem der Bus an den Kopf fuhr, war kein sonderlich aufsehenerregendes Ereignis, weil es mit gewisser Regelmäßigkeit auftrat, jeden mal traf und niemanden mehr überraschte. Es war ins allgemeine Daseinsrisiko einkalkuliert und hatte so in etwa den Schreckensstatus eines leichten Sonnenbrands. Erzählte man zu Hause beim Mittagessen davon, dass man mal wieder vom Schulbus umgemäht worden war und deshalb die erste Unterrichtsstunde verpasst hatte, weil der Busfahrer einen danach mit zur Kopfuntersuchung zum Arzt nehmen musste (alles völlige Routine), machten sich die Eltern lediglich darum Sorgen, ob man denn den Stoff der verpassten Schulstunde schnell aufholen könne. In der Schule selbst war es sogar ganz hilfreich. Wenn man eine Frage nicht beantworten konnte, musste man als Ausrede nur angeben, dass einen vorgestern der Bus ausgeknockt hatte, das entschuldigte vieles. Die Lehrkraft kontrollierte im Klassenbuch, ob man die Wahrheit sagte, dort gab es neben »Krankheit« und »unentschuldigtes Fehlen« auch eine vorgefertigte Spalte für die Busunfälle, und schon war man aus dem Schneider. Es war eine unkomplizierte Welt.

Aber eines ist eigenartig: Als ich das Thema bei unserem letztjährigen Weihnachtsklassentreffen auf den Tisch brachte, um in gemeinsamen Erinnerungen zu schwelgen, konnte sich komischerweise niemand in der Runde daran erinnern, dass ihnen jemals ein Bus an den Kopf gefahren war, obwohl es sie alle mindestens dreimal erwischt hatte. Woran das nun liegen könnte, das weiß ich auch nicht.

KEIN ENTKOMMEN

Ich konnte mich nicht entscheiden. War ich urlaubsreif, oder hatte ich Reiselust? Vom Ergebnis her betrachtet egal. Ich wollte weg, dringend, war vom Fernweh befallen. Wohin es gehen sollte, war erst mal zweitrangig. Nur weg. Es war noch zu Zeiten meines Studiums der Germanistik, ein paar Jahre her. Mein Studium verlief in seinen zähen letzten Jahren so, dass ich einmal die Woche für zwei Stunden in die Uni ging, dafür im Schnitt fünfmal die Woche auf Poetry-Slam-Bühnen im deutschen Sprachraum herumstand und Geschichten vorlas, dazwischen Zugfahrten, die BahnCard 100 glühte. Nicht wenige Vormittage nutzte ich auch, um Schreibworkshops an bayerischen Schulen zu geben. Es war viel los, das Business schnurrte. So schön aber das Bühnenleben ist, wenn man es mit vollem Elan verfolgt, und so prall gefüllt die bayerischen Kulturfördertöpfe für Unterrichtsbereicherung durch Künstler damals waren, irgendwann konnte ich einfach kein freistehendes Mikrofon vor meiner Nase und schon gar keine pickelstirnigen Schulklassen mehr vor mir sehen, die »Haus« auf »Maus« reimten. Ich brauchte eine Auszeit und wollte raus, weit. Mit der Festlegung auf ein Reiseziel wollte ich nicht allzu viel Zeit verschwenden, also entschied ich, dass nicht ich, sondern der Zufall entscheiden sollte. Meine Mitbewohnerin in der studentischen Dreier-WG hatte eine übergroße Weltkarte an der Wand hängen, mein Mitbewohner eine Dartscheibe. Da musste nur das eine zum anderen kommen. Ich warf mit geschlossenen Augen einen Pfeil auf die Welt. Traf den Atlantik. Warf noch einen. Traf den Pazifik. Warf und warf und warf, und irgendwann stand das Ziel fest.

Szenen eines höchst zufälligen Urlaubs:

1

Ich wundere mich, dass es hier so warm ist. Gut, es ist Juni, da kann mal die Sonne rauskommen, aber es ist wärmer als zu Hause, 28 Grad. Das hätte ich wirklich nicht von Island erwartet. Ich habe mich vorab nicht sehr ausführlich informiert und nur die eine kurze Hose eingepackt, die ich jetzt wohl für zehn Tage tragen werde. Ich hänge in einer Hängematte knapp über dem Holzboden der Terrasse des Hostels, in dem ich mir vor Ort ein Bett besorgt habe, und schaukle beschwingt hin und her. Meine Mitbewohnerin schickt eine SMS und fragt, wieso ich ihre Wand durchlöchert hätte. Im Urlaub lasse ich mich nicht belästigen. Ich ziehe mein T-Shirt aus.

2

Sich in Island einen Sonnenbrand zu holen, schafft auch nicht jeder. Ich kann es jetzt von meiner Bucket List streichen. Gestern dürfte der eine Tag Hochsommer pro Jahr gewesen sein, sagen alle. Das Wetter ist doch eher unbeständig, heute sieben Grad, morgen soll es schneien. »Climate change«, sagt ein Touristenkollege neben mir an der Bar und beißt in ein Twix, ich ziehe mir einen Fetzen Haut von der Nase. Wir stoßen mit unseren heißen Schokoladen an. »If you don't like the weather, wait five minutes«, sagt er und kichert in sich rein. Origineller Spruch, denke ich. Er erklärt mir, dass Island quasi zwischen den Welten liege, genau dort, wo die eurasische auf die nordamerikanische tektonische Platte trifft, deshalb auch all die Vulkane und das Gedöns. Wie praktisch, denke ich, ich kann es mir sparen, einen Reiseführer zu kaufen. Auch kulturell, fährt er fort, mischen sich hier amerikanische und europäische Einflüsse und ergeben ein spannendes Gesamtbild. Vor der Schaufensterfront der Bar fährt ein Pick-up vorbei, die Ladefläche ist mit vor Freude kreischenden Jugendlichen besetzt, die eine Schnapsflasche herumreichen. Das seien eindeutig die amerikanischen Einflüsse, meint mein Island-Erklärer. Beim Rausgehen sehe ich an der Wand ein Blechschild mit dem Aufdruck »If you don't like the weather, wait five minutes«.

3

Vom Turm der Hallgrímskirkja, dem höchsten Punkt der Stadt, ist die Aussicht auf die Bucht und die bunten Häuschen Reykjavíks ganz gut. Nur das Schneegestöber verschleiert etwas das Sichtfeld. Auf einer Dachterrasse weiter unten liegen welche im beheizten Whirlpool und trinken aus Steinkrügen. Der Aufstieg auf den Kirchturm ist sehr flott vonstatten gegangen, aus einem einfachen Grund: Es gibt einen Aufzug. Für mich als Festlandeuropäer mit Ministrantenhintergrund kommt das Gotteslästerung gleich. Es verdirbt einem das süße Leid, das man gewohnt ist vom Erklimmen von Kirchtürmen über Tausende enge Holztreppen, immer im Kreis herum bis zum Drehwurm, nimmt einem die grenzenlose Euphorie beim Erreichen der Aussichtsplattform, die genau *so* lange anhält, bis man sich für eine Minute umgesehen hat und dann realisiert, dass man ja auch wieder runter muss. Denn, wie mir ein weiser Bayer im Ulmer Münster mal mit auf den Weg gegeben hat, »die Waderln müssen genauso brennen wie die Schenkel, und wenn'd wieder unten bist, dann brennen die Waderln so sehr, dass'd die Schenkel gar nimma spirst«, oder so ähnlich. Ich fühle mich als Betrüger, weil gar nichts brennt. Außer mein Gesicht. Im Whirlpool unten wird jetzt gebusselt.

4

Ich stehe in frühlingshafter, frischer Luft von Möwen umkreist neben dem Konzerthaus am Hafen herum und blicke sehnsuchtsvoll über den Ozean Richtung Amerika. »Sorry, Sir«, höre ich es von hinter mir fiepsen, drehe mich um und entdecke eine asiatische Touristin, die aussieht wie aus einem Modemagazin ausgeschnitten. Ich spüre starke Influencer-Vibes. »Are you from Iceland?«, fragt sie. »Äähm, ööh, well«, stottere ich, nicht ohne gewissen Stolz, denn wer wird nicht gern für einen Einheimischen gehalten. »Can we make a selfie?«, fragt sie und fährt die Teleskopstange ihres Telefons aus. Ich posiere so heroisch und nordmännisch, wie es mir möglich ist, sie knipst 15 Bilder. »Another question: Can you tell me, where the harbor is?« Da wir direkt am Hafen stehen, deute ich einfach hinter mich. »Aaaaaah«, sagt sie überrascht, bedankt sich nett, drückt mir 2000 Isländische Kronen in die Hand und geht weiter.

5

In Reykjavík Bargeld loszuwerden, ist gar nicht so einfach. Es gibt überhaupt nur einen Ort in der ganzen Stadt, der willentlich auf Kartenzahlung verzichtet und das Eintrittsgeld ausschließlich in Scheinform eintreibt: das Penismuseum. Gar nicht weit vom Hafen. Also schau ich mir Penisse verschiedener Tierarten an. Der an der Decke baumelnde Blauwalpenis ist größer als ich und etwas einschüchternd. Auch die größten Nationalhelden Islands werden hier auf spezielle Weise geehrt: Die isländische Handballnationalmannschaft, die 2008 Silber bei den Olympischen Spielen gewonnen hat, hat versilberte Replikationen all ihrer Penisse anfertigen lassen, die auf einem Schrein ausgestellt sind. Darüber ein Mannschaftsbild, in Hosen und Trikots. Zum Abgleich. Das sind dann wohl eher die europäischen Einflüsse, denke ich, in den USA würden sie dafür vermutlich verhaftet werden.

6

Hallgrímur ist ein echter Isländer. Hallgrímur glaubt an Fabelwesen. Er betet die 13 bekannten verschiedenen Elfenarten herunter und erklärt den Unterschied zwischen Gnomen und Trollen. Hallgrímur ist kein Wunderling, sondern Vertreter der isländischen Mehrheitsgesellschaft. Eben erst wurde der Bau einer Autobahn gestoppt, weil sie direkt durch eine Elfenschule geführt hätte. Hallgrímur sitzt im Dampfbad des Schwimmbads Vesturbæjarlaug neben mir, weshalb ich ihn nicht beschreiben kann. Ich sehe ihn durch all den Dampf nicht, höre ihn nur. Tradition und Moderne, alter Volksglaube und Hightech gehen in Island Hand in Hand, sagt Hallgrímur. Es gäbe jetzt sogar was ganz Neues in der Stadt, ein Literaturformat, das aus Amerika und Europa bekannt sei, einen Poetry Slam, gleich morgen. Er sei der Organisator.

7

Die Teilnahme am Wettbewerb des ersten isländischen Poetry Slams ist nur auf Isländisch erlaubt, deshalb hat Hallgrímur mich zum Featured Artist außerhalb des Wettbewerbs ernannt. Ein Text am Anfang, einer am Ende. Seine Nachfrage, direkt im Dampfbad, ob ich denn auch Texte auf Englisch im Repertoire hätte, habe ich selbstverständlich bejaht, dann die halbe Nacht und den ganzen Tag damit verbracht, zwei meiner aktuellen Gassenhauer zu übersetzen. Die Stadtbücherei ist gut besucht, ich trete ans freistehende Mikro und lege los. Die Publikumsreaktionen sind in Ordnung, aber nicht berauschend. Nach meinem zweiten Auftritt ruft jemand aus den hinteren Reihen, dass ich doch mal einen Text auf Deutsch performen solle. Denn das Original sei doch immer besser als die Übersetzung. Wenn's keiner versteht, auch egal, aber wenn ich schon mal da sei, müsse man das doch ausnutzen, dann wolle das Publikum doch wenigstens die Schönheit dieser kantigen Sprache in sich aufsaugen.

8

Björn lehrt Germanistik an der University of Reykjavík. Er war mit all seinen Studierenden beim Poetry Slam. Ich hatte mich durchaus gewundert, weshalb der Applaus nach meinem letzten, dem deutschen Beitrag so außerordentlich stark ausfiel, es sogar zu »Zugabe«-Rufen kam. Da hatte ich meine Erklärung. Am Teich vor dem Rathaus sitzend, heute wieder im T-Shirt, 20 Grad, sehen wir den Schwänen beim Herumschwanen zu. Björn erklärt mir, wie das genau laufen solle mit meiner Gastdozentur in seinem Germanistikseminar. Er stelle sich da so was wie einen Schreibworkshop vor. Am besten gleich morgen.

9

»Eines möchte ich gern noch wissen«, fragt eine meiner Studentinnen am Ende des Seminars: »Wieso genau bist du eigentlich nach Island gekommen?«

SCHMÄH

Möchte man zwischendurch einen Schritt aus der modernen, sich zu schnell drehenden Welt zurücktreten, empfehle ich eine Reise in die Vergangenheit. Oder nach Wien. Denn wo Fiaker gleichberechtigt mit Autos durch die Straßen ziehen, wo einem das Klackern der Pferdehufe auf dem Kopfsteinpflaster allenthalben in den Ohren liegt, wo tischbedeckende Tageszeitungen wirklich noch in der Öffentlichkeit gelesen werden, als sei das iPad noch nicht erfunden, wo es scheint, als warteten alle nur in großer, gemütlicher Runde auf ihren Umzug auf den Zentralfriedhof, da fällt es nicht schwer, sich ein, zwei Jahrhunderte zurückzuversetzen und eine Sehnsucht nach Glanz, Gloria und Obrigkeit zu verspüren.

In einem Kaffeehaus, in dem natürlich noch geraucht werden darf, ja muss, lasse ich mich nieder und beobachte eine Szene, die sich in keiner anderen Stadt der Welt so zutragen könnte: Eine feine Dame, klunkerbehangen, in violettem Gewand und mit farblich angepasster Frisur, zuckelt sich durch den Gastraum an einen Tisch und lässt sich in voller Montur nieder, die Handtasche noch am Arm. Sie erstarrt in Erwartung einer Servicekraft, als sei sie eine Wachsfigur. Kaum eine Minute später steht die junge Bedienung an ihrem Tisch.

»Die Dame, bittschön?«

»Ja dankschön. Dankschön. Ich wart hier schon eine Ewigkeit.«

»Entschuldigen's bitte vielmals, ich musste noch andere Gäste betreuen. Ich bitte die Dame vielmals um Verzeihung, die Dame.«

»Eine Frechheit ist das, wie man hier behandelt wird. Und wie Sie mich ansprechen, als wär ich irgendein Flitscherl vom Land. Wissen's, mein Mann ist ein Magister!«

»Entschuldigen's, Frau Magister, entschuldigen's. Die besten Grüße an den Herrn Gemahl!«

»Die können's stecken lassen, mein Gatte ist bereits verstorben.«

»Ach du liebe Zeit, mein herzliches, aufrichtiges Beileid.«

»Vor dreißig Jahr. Der Kummer hat sich gelegt.«

»Gott möge seiner Seele gnädig sein, gnädige Frau, Frau Magister.«

»Na des glaub i eher nöd. Er war scho a rechter Hurenbock. Soll er Hundsfotzen fressen im Himmel!«

»Richtig, Gnädigste, alle Männer hinein in ein' Sack und draufgeschlagen.«

»So ist das, so ist das. Ich mag Ihre Ansichten. Nur Ihr G'wand könnt a bisserl länger sein. Aber kommen wir zum Geschäftlichen.«

»Jawohl, gnädige Frau. Wie kann ich Ihnen Ihre Wünsche erfüllen? Dürstet es die Frau Magister? Oder wollen's gar etwas speisen? Der Koch hat die Schnitzel grad frisch geklopft.«

»Naa, danke. I bin nur hier zum Zeitvertreib.«

»Zum Zeitvertreib, Frau Magister?«

»Des heißt, i will was trinken.«

»Wonach dürstet es Frau Magister?«

»Ja, i würd sagen, i hätt a große Lust auf an Aperol Spritz.«

»Bitte, was, an weißen Spritzer?«

»Na, an Aperol Spritz.«

»Ah, an Aperol Spritz?«

»An Aperol Spritz!«

»Mit Eiswürfel, die Dame?«

»Ja natürlich mit Eiswürfel ... Aber net zu vui.«

»Des lässt sich machen, net zu vui Eiswürfel.«

»Aber scho a poar.«

»Gut, die Dame, gut, Frau Magister, net zu vui Eiswürfel, aber scho a poar Eiswürfel, also mach ma so drei oder vier Eiswürfel?«

»Machen's fünf!«

»Fünf Eiswürfel im Aperol Spritz, jawohl, eure Durchlaucht, jawohl. Kann ich die Dame sonst noch zu etwas verführen? An Topfenstrudel vielleicht oder an Marillenschnaps?«

»Ja gut. Beides. Oder machen's gleich zwei Marillenschnaps. Bevor ich wieder eine Ewigkeit auf Sie warten muss später.«

»Zwei Marillenschnaps und an Aperol Spritz die Frau Magister, jawohl.«

»Na und den Topfenstrudel!«

»Und den Topfenstrudel, selbstredend. Bitte um Verzeihung. Bitte vielmals um Verzeihung.«

»Is scho gut. Ich bin ja nix anderes gewöhnt, aus dieser Servicewüste Österreich! Jetzt gehen Sie schon, ich bin nah am Verdursten.«

Zwei Minuten später steht alles auf dem Tisch, und Frau Magister zeigt sich von ihrer herzlichen Seite: »Wissen's was, junges Fräulein? Trinken's an Schnaps mit mir!«

»Ich darf aber nicht, meine Schicht hat gerade erst angefangen.«

»Sie trinken jetzt eine Marille mit mir!«
»Jawohl, die Dame, jawohl. Sehr gerne.«
»Auf Österreich!«
»Auf Österreich.«

Auch ich hebe mein Glas.

BÄUCHE DER KARIBIK

»Lass uns doch mal Ski fahren gehen«, sagt Andrea.

»Wie kommst du denn jetzt auf Ski fahren?«, frage ich.

Er weist mit dem Kopf nach vorne. In einiger Entfernung liefern sich drei Jetskis ein wildes Rennen auf dem Meer.

»Ich war seit 15 Jahren nicht mehr Ski fahren«, sag ich.

»Das verlernt man nicht. Ist wie Fahrrad fahren«, sagt er.

»Ich geh mal ins Wasser«, sag ich.

Er nickt. Ich bahne mir meinen Weg um Sonnenschirme und Liegen, Sandburgen und tüchtige Bierverkäufer. Der Strand ist brechend voll. Es ist Hochsaison, es ist Februar, wir sind in der Karibik, genauer auf St. Martin. Das ist das Gegenteil von Ski fahren.*

Im Winter ins Warme, ein bestechend einfacher Gedanke, aber für uns beide das erste Mal, dass wir ihn fest gefasst und es durchgezogen haben. Wir sind schon ein paar Tage da, den Jetlag haben wir überwunden, wir schlafen wieder länger als

---

* Für Geografiebegeisterte und Interessierte an der europäischen Kolonialhistorie eine so kurze wie verwirrende Einordnung: Die Insel St. Martin ist flächenmäßig etwa so groß wie Würzburg und kulturell zweigeteilt. Der südliche, zum Königreich der Niederlande gehörende Teil heißt Sint Maarten und ist ein eigenes Land, in dem Niederländisch und Englisch gesprochen wird. Der nördliche Teil heißt Saint-Martin und ist ein französisches Überseegebiet, also ein Teil Frankreichs und kein eigenes Land. Dort wird Französisch gesprochen. Zu finden ist St. Martin ganz einfach, wenn man zum Beispiel mit dem Boot in der Dominikanischen Republik aufbricht, an Puerto Rico (Außengebiet der USA) und den Britischen Jungferninseln (britisches Überseegebiet) vorbeirudert, schon ist man da.

bis 5 Uhr morgens. Die 30-Grad-Trägheit hat eingesetzt und hält mich angenehm umschlungen. Alles darf ein bisschen langsamer gehen, maximal zwei Aktivitäten pro Tag sind einzuplanen. Heute: erst der eine, dann der andere Strand. Zwischendurch rüberlaufen. Reicht vollkommen. Womöglich wird auch die Abenteuerlust wieder aufkeimen, etwas nicht ganz so vorgefertigt Touristisches zu erleben, die Insel auf eigene Faust zu erkunden, doch die Abenteuerlust von gestern liegt mir noch ein wenig im Magen.

Gestern: Wir waren etwas abseits der üblichen Pfade unterwegs, wollten mal hinter die Kulissen des Theaters schauen, das hier für Touristen aufgeführt wird. Wobei wir gar nicht weit gehen mussten, um diese anderen Pfade zu erreichen. Eigentlich nur einmal »falsch« abbiegen dorthin, wo keine Geschäfte mit Sonnenbrillen und Kühlschrankmagneten mehr sind, ein paar Meter geradeaus, schon befindet man sich in der »richtigen« Stadt, in der die Leute eben einfach wohnen und ihre Alltagsdinge tun, bestenfalls auf den Tourismus pfeifen und ihn schlechtestenfalls verdammen. Da wollten wir hin. Um mal zu sehen, wie hier so gelebt wird. *Like a local* unterwegs sein, empfiehlt ja auch der Lonely Planet. Ich stelle mir die Situation dann immer erst mal andersherum vor und frage mich, was es zum Beispiel dem Japaner oder Isländer an sich bringt, sich in Berlin *like a local* zu fühlen. 30-Cent-Bier saufend vorm Späti herumlungern, auf die Zugezogenen schimpfen und sich beim Döneressen die Hose mit Scharfsoße einsauen. Ist es wirklich das, was man erleben möchte? Offenbar. Wir wollten's jedenfalls erleben und landeten in einer original ostkaribischen Garküche in einem Hinterhof von Philipsburg. Dort lernten wir ein Ehepaar aus

New York City kennen, das den Tisch mit uns teilte, um uns herum saßen aber nur echte Einheimische. Ken und Karen, so hießen die New Yorker, brauchten keine lange Anlaufzeit, um gesprächsmäßig heißzulaufen. Sie klagten uns ihr Leid, dass mit ihrer Reisegruppe, bestehend aus ihrer weitläufigen Familie, erlebnismäßig überhaupt nichts anzufangen sei, selbst der Weg vom klimatisierten Hotel zum Strand sei denen zu mühsam, diesen Wohlstandsverwahrlosten, sie säßen den ganzen Tag nur am Hotelpool herum und hätten sich jetzt zur Dinnertime ein Taxi zu einer McDonald's-Filiale gerufen. Deshalb haben sich die beiden abgespalten, erzählte Karen weiter, um jetzt mal so richtig *like a local* durch die Straßen und Gassen zu ziehen. Wir beglückwünschten sie zu dieser einzigartigen Idee und schimpften aus reiner Höflichkeit mit über ihre faule Familienbrut. Gemeinsame Abneigungen können menschliche Beziehungen sehr schnell festigen, habe ich schon oft erlebt.

In der Garküche gab es eine Bedienung, die mindestens neunzig Jahre alt war, von allen »Mummy« gerufen wurde und sich flugs wie eine Schildkröte von Tisch zu Tisch bewegte, wo sie sich jeweils auf einen freien Stuhl einfach dazusetzte und die Bestellungen aufnahm. Als sie bei uns angekommen war, teilten wir ihr aufgeregt mit, was wir gerne alles essen würden. Sie ließ uns höflich ausreden und teilte uns dann mit, dass wir alles vergessen könnten, was auf der Karte steht, heute gebe es nur noch Ziegencurry. Also bestellten wir viermal Ziegencurry. Dazu eine Flasche Rum, die musste nicht bestellt werden, sondern wurde standardmäßig auf den Tisch gestellt. Den Zubereitungsprozess des Currys konnten wir sehr intensiv miterleben, denn wir saßen genau im Abzugskanal des scharfen Qualms, der beim Ziegenbrutzeln aufstieg. Da stieg auch die Vorfreude, und die Tränen in die Augen. »It's such a real experience«, schwärmte Ken.

Ungelogen kann ich sagen, dass es das beste Ziegencurry aller Zeiten war. Ich hatte noch nie zuvor Ziegencurry gegessen. Auch die New Yorker zeigten sich sehr begeistert. Na gut, um bei US-Amerikanern Begeisterung auszulösen, braucht es wirklich nicht viel, sie waren anfangs auch schon sehr begeistert davon gewesen, dass wir – Andrea und ich – Englisch mit ihnen sprachen, obwohl wir aus zwei Ländern kommen, in denen man gar kein Englisch spricht. Ken entschuldigte sich sogar dafür, keine Fremdsprachen zu beherrschen, vor allem kein Italienisch zu können, obwohl doch sein Urgroßvater aus Mailand in die USA eingewandert ... die üblichen Familiengeschichten. Wir vergaben ihm, leerten den Rum und gingen glücklich auseinander.

Im Lauf der Nacht dachte ich noch mehrmals recht intensiv an die verspeiste Ziege, denn ich musste feststellen: Es m-m-m-mäh-äh-äht immer zweimal.

Als ich erfrischt und abtropfend aus dem Meer zurück an unseren Platz stapfe, beendet Andrea grade das tägliche Telefonat mit seiner Mutter. Der Zeitverschiebung wegen muss er es hier bis spätestens 14 Uhr führen.

»Alles gut in Bella Italia?«, frag ich.

»Wir können in vier Wochen vorbeikommen«, sagt er.

»Wo vorbeikommen?«

»Bei meinen Eltern. Zum Skifahren.«

»Ach?«

»Im Urlaub muss ich eben immer an Urlaub denken. Und jetzt los, die großen Maschinen kommen gleich.«

»Die was?«

»Frag nicht, pack deine Sachen ein. Zum anderen Strand sind's nur zehn Minuten.«

DANGER
Jet blast of departing and arriving aircraft can cause severe physical harm resulting in extreme bodily harm and/or death.

Bei all den Stränden der letzten Tage hatte ich die Übersicht verloren. Ich wusste gar nicht, dass dieser ziemlich besondere Strand, der berühmteste der Insel, ja einer der berühmtesten der Welt, der legendäre Maho Beach, gleich um die Ecke lag und noch auf der Tagesordnung stand. Die alle zwei Meter sich wiederholenden Warnschilder, die einen wissen lassen, dass man hier unter Umständen durchaus sterben könnte, sind ein sicheres Zeichen. Ich hatte schon Videos auf YouTube gesehen, vor Jahren, ohne zu wissen, wo genau sich der Strand befindet, nun bin ich mir sicher: Er ist es. Was ihn so besonders macht: Er befindet sich nur fünf Meter hinter der Start- und Landebahn des Flughafens. Es geht sehr eng zu. Zur Visualisierung, es sieht dort von oben etwa so aus:

... LANDEBAHN|STRASSE|STRAND|MEER ...

Wobei der Strich hinter LANDEBAHN ein klappriger Zaun ist und der Strand nicht viel mehr als ein Strich, keine fünf Meter breit. Der Flughafen von St. Martin ist erstaunlich stark frequentiert, alle paar Minuten kommt eine Maschine an oder hebt ab. Der Thrill ist es, sich genau mittig auf den Strand zu stellen und die gleich landenden Flugzeuge in nur wenigen

Metern Höhe über sich hinwegfliegen zu sehen. Zum anderen Thrill kommen wir noch. Das Treiben auf dem Maho Beach kommt mir etwas gedrängt vor. Niemand ist hier, um zu baden, alle stehen und recken die Köpfe, alle spotten die Planes.

»BIG ONE COMING, BIG ONE COMING«, schreit einer wie blöde und wedelt mit den Armen. Ich kneife die Augen zusammen, sehe einen kleinen, schwarzen Punkt ganz weit weg am blauen Himmel. Die Herumstehenden rücken enger zusammen, laufen in die Mitte, zentrieren sich vor der Landebahn. Teleskopstangen werden ausgefahren, Telefone und Kameras scharf gemacht. Bling, Beep, Bling. Na gut, wenn wir schon mal hier sind. Wir spurten zu der Ansammlung, um einen guten Blick zu haben, und gehen sofort in der Masse unter.

»It's the KLM«, ruft einer.

»IT'S THE KLM!«, wiederholt der Chefplanespotter.

Freudenschreie. Angstschreie. Münder klappen auf.

»THE BIGGEST OF THE DAY!«, ergänzt er, und ich verstehe, weshalb plötzlich die ganze Aufregung ausgebrochen ist. Gutes Timing hatten wir da. Ich seh sie kommen, die KLM-Maschine aus Amsterdam-Schiphol, ganz deutlich jetzt. Größer und größer. Wie war das mit dem physical harm?

»Ja gut, nutzt sich auch schnell ab, das Erlebnis«, sagt Andrea vier Flugzeuge später. Das letzte war eine kleine Propellermaschine. Sie hat sogar gewinkt aus der Luft mit ihren Flügeln.

»Ich wusste gar nicht, dass bei den großen Maschinen der Name der Airline auch auf dem Flugzeugbauch steht«, sag ich, »bei so wenigen Leuten, die die Bäuche aus der Perspektive sehen, könnte man da auch was anderes draufschreiben, finde ich.«

»Lass mal schnell hier weggehen«, sagt er und zieht an meinem Shirt.

Ich erkenne die Situation und bin sehr einverstanden. Den Bauchaufschriftgedanken schiebe ich auf. Eine schwere Entscheidung haben wir noch zu treffen: Gehen wir in die Bar am linken oder am rechten Rand des Beachs? Entschieden. Auf halber Strecke, wie wir glauben, außerhalb der Gefahrenzone, bleiben wir stehen und schauen zurück. Jetzt steigt das wahre Spektakel, der Grund für die Warnschilder: ein Start. Man könnte meinen, dass es in der Natur des Menschen liegt, Gefahren aus dem Weg zu gehen. Vielleicht gerade auch dann, wenn auf fünfzig Schildern entlang des Flughafenzauns wortgleich vor genau dieser Gefahr gewarnt wird.

DANGER
Jet blast of departing and arriving
aircraft can cause severe physical harm
resulting in extreme bodily harm
and/or death.

Aber Gefahr scheint auch eine gewisse Anziehungskraft zu besitzen. Wir und die meisten anderen Snowflakes haben uns aus dem Staub gemacht, dagegen sind die ganz Abenteuerlustigen, die womöglich extra deswegen ihre Reise hierher gebucht haben, genau dorthin gegangen, wo es vermutlich wehtun wird, wenige Meter hinter das zum Abheben bereitstehende Flugzeug. Der Bürzel der Maschine ragt über den Zaun hinaus, über die Straße. Oberkörper werden nach vorne gebeugt und breitbeinige, feste Stände im Sand gesucht. Die machen das wohl nicht zum ersten Mal. Dann bricht der Höllendonner los. So ein startendes Flugzeug kann einem durchaus das Trommelfell wegblasen. Und nicht nur das. Der durch die aufheulenden Triebwerke fabrizierte Wind erzeugt einen Sandsturm und fegt die ganze clevere Mannschaft der Gefahrenliebhaber vom Strand weg ins Meer. Taschen, Hüte, Brillen, Telefone, Handtücher, Geldscheine wirbeln auf und werden ins Wasser gepustet. Hilflos in die Luft greifende Gestalten fallen um oder sich gegenseitig ins Gesicht. Ich muss lachen. Unfreiwillig hat's keinen von denen erwischt. Das ist er also, der Jet Blast. Wenn man ihn googelt, kommt ein Bild vom Maho Beach. Wenn man »Idioten« googelt, sollte auch eines kommen.

Nach wenigen sicheren Schritten sind wir angekommen und können schon fast wieder hören. Die Theke der *Driftwood Boat Bar* ist ein Boot. Darum Barhocker, in zweiter Reihe wenige große Holztische. Die Bar ist mäßig besucht, die größten Maschinen des Tages sind schon gelandet, es gibt nicht mehr so viel zu sehen nebenan.

»Do you have table service?«, frage ich eine mit geometrischen Formen aufwendig tätowierte Servicekraft.

»Klar, setzt euch hin«, sagt sie.

»Ach, hier wird Deutsch gesprochen?«

»Sicher, ich bin aus Berlin.«

»Nein! Wir auch!«, sag ich.

Wir setzen uns. Sie setzt sich dazu.

»Woher denn aus Berlin?«

Nach drei weiteren eingrenzenden Fragen, auf die ich jeweils erneut mit »Nein! Wir auch!« reagiere, haben wir festgestellt, dass wir zu Hause Nachbarn sind, sie wohnt zwei Häuser neben unserem. Wenn sie nicht gerade hier an der Bar arbeitet, was sie für etwa ein halbes Jahr vorhat, vielleicht auch ein ganzes Jahr, sie hat erst vor drei Tagen angefangen.

»Das ist ja ’n Ding«, sagt sie und gibt eine Runde Red Stripe Beer aus. »Wenn ihr wieder zu Haus seid, könnt ihr mal rübergehen und nachschauen, ob meine Zwischenmieterin die Blumen aufm Balkon ordentlich gießt?«

Wir versprechen es ihr.

»Italy! Germany!«, ruft es von der Seite. Wir fühlen uns durch unsere Codenamen angesprochen. Die New Yorker vom Ziegenessen haben gerufen. Sie sitzen zwei Tische weiter und können gar nicht fassen, was für ein riesiger Zufall es ist, dass wir uns ausgerechnet hier wiedertreffen. Na ja, da habe ich kürzlich größere Zufälle erlebt. Sie stehen auf und kommen rüber. Eine Maschine startet und donnert uns in die Ohren. Wir schauen gar nicht mehr hin. Unsere Berliner Nachbarin serviert uns ungefragt Chicken Wings und Pommes, vier Portionen. Gehen auf’s Haus, wegen der Blumen.

»What did you do today?«, fragt Karen.

Wir schildern ihr unseren Tagesablauf, was recht flott vonstatten geht. Beach and beach. Dazwischen walk. Nur ten minutes. Das würde sie auch gerne mal machen, sagt sie, am liebsten mit der ganzen Großfamilie, aber die liege ja wieder nur am Hotelpool herum heute, die träge Bagage.

»They are no walkers«, ergänzt Ken, und um alle Missverständnisse auszuräumen, die gestern möglicherweise entstehen hätten können, als sie zuletzt über ihre Familie gelästert haben, deutet er mit seinen Armen eine enorme Körperfülle an und bläst die Backen auf.

»You understand? Definitely no walkers!«

»Understood«, sag ich. »In Germany, we say schwere Knochen. Or starke Persönlichkeit.«

Jetzt fällt mir ein, was man statt der Airline-Namen unten auf die Flugzeuge schreiben könnte:

DIESER BAUCH BRINGT VIELE BÄUCHE

Es donnert wieder nebenan. Letzter Start. Hinter der Landebahn wehen wieder welche aufeinander drauf und ins Meer. Ich ergänze die Aufschrift:

UND EIN BISSCHEN HIRN.

MIT DER JUGEND REDEN

Um auf unbekannte, fremde Kulturen zu stoßen und sich mit ihren Ritualen, die einem selbst rätselhaft und undurchsichtig erscheinen, auseinanderzusetzen, muss man gar nicht immer verreisen. Es reicht vollkommen, einfach eine Weile zu existieren und sonst gar nichts zu tun. Älter werden. Ist per se gar nicht so mühsam, kann jeder, passiert von alleine. Erst wundert man sich, dass in der Bundesliga jetzt junge Herren spielen, die genauso alt sind wie man selbst. Dann schläft man ein paarmal und wundert sich, dass nur noch ein Torwart in der Bundesliga so alt ist wie man selbst und alle anderen auf dem Platz quasi Kinder sind. Normale Entwicklung. Ich bin gerade in der Phase, mich zu wundern, dass im Bundestag viele Abgeordnete jünger sind als ich und ich bald das Alter erreiche, ab dem man Bundespräsident sein darf. Vielleicht eine interessante Karriereoption. Eine ganz natürliche Stufe des Alterungsprozesses ist es dann auch irgendwann, mit generellem Staunen und Verwunderung auf die jüngere Generation zu schauen, die so ganz anders lebt, redet und sich benimmt, als man das gewohnt ist. Die Jugend, eine sich immer wieder neu erschaffende Kultur, die besonders faszinierend ist, weil man selbst irgendwann zwangsläufig ihr Zugehöriger war, damals, als das alles noch ganz anders funktionierte, damals, als man sich wunderte, dass die Alten sich wundern, über die Baggypants und die Topffrisuren und den Grunge in der Musik und der Stimmung. Plötzlich ist man dann erwachsen, schon länger kein Teil einer Jugendbewegung mehr und fragt sich, was genau der Reiz an K-Pop ist.

Wenn man verstehen lernen möchte, ist es immer eine ganz praktikable Lösung, Vereinendes zu suchen statt Trennendes und sich auf Augenhöhe zu begegnen. Man muss sich mit der Jugend auseinandersetzen, nicht immer nur über diese jungen Leute reden und darüber, was man an ihrem Verhalten lächerlich findet, sondern sich in einen fruchtbaren Austausch mit ihnen begeben, Konsens suchen. Das war meine Mission.

Wie ticken die eigentlich so, die Boys und Girls und nichtbinären Jugendpersonen von heute, und wenn sie sagen »cringy«, was meinen sie damit? Genau das dachte ich mir und sprach kürzlich auf einer Veranstaltung mit einer Jugendlichen, die mir erklärte, dass sie ihre Freizeit damit verbringe, sich Videos anzusehen. Und wenn sie ein Video nach drei Sekunden nicht vollkommen begeistere, sie zum nächsten Video wechsle.

»Drei Sekunden?«, fragte ich erstaunt und wollte gerade nachhaken, ob sie sich denn schon mal an so etwas wie einen neunzigminütigen Spielfilm oder gar ein Buch herangetastet hätte, aber in der Zeit, in der ich die Nachfrage formulierte, hatte sie mich schon stehen lassen und noch drei weitere Small Talks beendet. Vielleicht doch noch mal überdenken, das mit dem Konsens-Suchen und dem Sich-verstehen-Wollen, dachte ich da. Es ist ja auch nicht unbedingt so, dass mir von der anderen Seite großartig Interesse daran signalisiert würde. Eher ziemlich das Gegenteil.

Auf einer meiner letzten Bahnreisen saß ich im gerade abfahrenden Zug ab Berlin Hauptbahnhof und bekam unweigerlich mit, wie sich zwei Teenagerpersonen auf den Gegenüberplätzen in ihre Reisevorfreude hineinsteigerten und sich allerlei tolle Geschichten über München erzählten.

»Im Englischen Garten sprechen natürlich alle Englisch«, sagte eine. »Da können wir dann heute Nachmittag zum Teetrinken hingehen.«

»Hoffentlich sind wir fein genug, damit uns der Türsteher da reinlässt«, sagte die andere.

»Äh, sorry, darf ich euch mal was erklären?«, bot ich wohlwollend an.

Ihre Gesichter froren kurz ein, dann lehnten sie nicht gerade dankend ab: »Nee, von einem alten, weißen Cis-Mann lassen wir uns nichts erklären.«

Gut, dachte ich, wie gewünscht, dann behalte ich eben für mich, was ich zu sagen habe. Wenn sie auf meine Weisheit und Erfahrung verzichten wollen, bitte schön, absolut kein Problem, bin ich cool damit. Vielleicht sagt ihnen ja irgendwer anders, dass wir gar nicht im Zug nach München sitzen, sondern nach Hamburg. Ich kann nicht sagen, dass es mich nicht auch ein bisschen sehr gefreut hat, dass wir Spandau schon hinter uns gelassen hatten, als der alte, weiße Cis-Zugbegleiter den Job übernahm und ihnen ihr Schicksal offenbarte. Von ihm mussten sie sich ganz widerwillig ganz viel erklären lassen. Nein, es gäbe jetzt keinen Zwischenstopp mehr. Nein, das sei nun wirklich kein Grund, die Notbremse zu ziehen. Nein, weder die Bahn noch das Patriarchat seien schuld daran, dass sie im falschen Zug sitzen, sondern mit allerhöchster Wahrscheinlichkeit ausschließlich die jungen Reisenden selbst. Was soll das sein? Nein, das hier sei auch kein YouTube-Prank, sondern eine Bahnfahrt. Manchmal müsse man die Fehler vielleicht auch mal bei sich selbst suchen statt in der einem stets feindlich gesinnten Umwelt, oder?

Aber nur manchmal, dachte ich seine Ausführungen weiter. Und wahrscheinlich hat es ja auch sein Gutes, dass die beiden heute nicht mehr im Englischen Garten ankommen, denn es ist ziemlich gutes Wetter, und da liegen überall die Nackerten rum. Ich mag mir gar nicht vorstellen, wie diese überraschende Konfro ausgegangen wäre, schätze aber, die Notrufnummer wäre nicht ungewählt geblieben.

Eine weitere Chance gab ich ihr aber noch, der Jugend, mich von ihr zu überzeugen, eher unfreiwillig. Ich war an einer Filmproduktion beteiligt, Rolle: gealterter DJ, und saß amüsiert am Rand, als eine Szene gecancelt wurde, weil eine Gruppe junger Schauspielender, Rolle: aufständische Jugendliche, plötzlich gar nicht mehr so aufständisch sein wollte. Sie weigerten sich, »Fuck the system!« zu rufen. Mit der überraschenden und wortgetreuen Begründung: »Wir wollen das nicht sagen. Wir wollen das F-Wort nicht sagen. Weil, das ist nicht jugendfrei.«

Eine Gruppe 16-Jähriger traut sich nicht, »Fuck« zu sagen?! Was ist uns da für eine brave Generation herangewachsen, deren oberstes Bestreben es zu sein scheint, sich permanent selbst zu schützen und zu zensieren? Wer hätte denn jemals gedacht, dass die Freiwillige Selbstkontrolle wirkt? »Ach, der Film ist ab 18? Na gut, dann warte ich lieber noch bis zu meinem Geburtstag in zwei Wochen, bis ich ihn mir ansehe. Oder? Oder soll ich? Ich hab's: Aus Solidarität mit Jugendlichen anderer Länder, die erst mit 21 volljährig werden, sehe ich ihn mir frühestens in drei Jahren an. Oder noch besser: nie! Dann bin ich auf der sicheren Seite, hahahaha. Follow the system!«

Welch wunderbar wilde Widerworte wohl über die Türschwelle von Jugendzimmern geschmettert werden: »Ach, Papa, wie lieb, du willst mir Auto fahren auf einem Feldweg beibringen? Nee, das geht nicht. Das ist gegen die Gesetze. Ach ja, und du hast ja gesagt, ich darf heute bis elf wegbleiben ... Die Mutter von Leon ruft dich später an, um dir zu erklären, dass das ziemlich unverantwortlich von dir ist. Ich bleib dann einfach zu Hause, das ist das Beste für uns alle ... Du kannst die Tür auflassen, wenn du rausgehst, ich habe nichts zu verbergen. Ich werde nur ein bisschen leise Musik hören, die niemanden stört.«

Man muss sich das mal vorstellen Irgendwann werden all diese jungen Personen, das ist ziemlich unumgänglich, erwachsen sein. In einem ruhigen Moment zwischen zwei dreisekündigen Videos werden sie zurückblicken und sagen: »Unsere Jugendjahre, hach ja, die waren eine einzige Komfortzone. Wir haben ganz schön auf uns aufgepasst. Die Influencer, die uns großgezogen haben, haben in jedem Video gesagt, dass wir einfach wir selbst und authentisch sein sollen, dass wir nichts machen sollen, bei dem wir uns nicht hundertzehnprozentig wohlfühlen, und dass das völlig okay ist so. Und dass wir ein Abo dalassen und auf die Glocke drücken und eine Creme kaufen sollen. Haben wir alles gemacht. Ich hatte immer viele Cremes und nie ein aufgeschürftes Knie. Weil ich einfach zu allem »lieber doch nicht« gesagt habe. Zu allem. Ja, wenn ich meine Jugend mit einem Wort beschreiben sollte, dann würde ich sagen: Vernünftig war sie. Vernünftig.« Und dazu muss ich ganz ehrlich sagen: Irgendwo hört mein Verständnis für solche Eskapaden dann auch auf.

RADIESCHEN

Ich habe im Supermarkt Radieschen gesehen, die vorgeschnitten und eingeschweißt verkauft werden. Radieschen. Vorgeschnitten. Eingeschweißt. Radieschen! Vorgeschnitten. In Scheiben. In kleinen, runden Scheiben. Seitlich aneinanderliegend in einer vakuumierten Plastikverpackung. Radieschen! *Güteklasse A*. Vier vorgeschnittene, eingeschweißte Radieschen für 2,89 Euro. Ra-dies-chen!

Mit vor Abscheu und Erstaunen mir aus dem Gesicht gefallenem Unterkiefer hielt ich das flache Päckchen in der Hand und betrachtete es eingehend. Radieschen! Wer zum großen Fick kauft sich vorgeschnittene und eingeschweißte Radieschen? Die Antwort gab mir die Verpackungsrückseite:

> *Genießen Sie, womit die Natur Sie beschenkt hat, ohne sich die Hände schmutzig zu machen. Als Add-on für den knackigen Fitnesssalat oder als puren Powersnack zwischendurch. Verzehrbereite Radieschenscheiben, premiumverlesen, garantiert unholzig, für den modernen High-Performer. Mundgerecht vorportioniert, denn: Ihre Zeit ist uns kostbar.*

Nachdem ich das gelesen habe, hätte ich am liebsten mit allergrößter Freude über die plastikverpackte Gemüseauslage gekotzt. Aber ich hatte noch nicht gefrühstückt. Auch war ich nicht der Einzige, der sich für das neue Produkt im selben Maß wie ich interessierte. Als ich aufblickte, stand eine junge Biomutter mit vor die Brust gebundenem Kindknäuel und weit aufgerissenen Augen vor mir. Sie hatte offenbar verfolgt, wie ich mich dem Radieschenpäckchen ausgiebig gewidmet hatte. Ohne einen Ton von sich zu geben, formte sie »Du dummes Arschloch!« mit ihren Lippen, hielt ihrem Kind die Augen zu, zeigte mir den Mittelfinger und entfernte sich in Richtung dampfgegarte Babykost. Und ich finde, sie hatte absolut recht. Denn hätte ich, ihrer Annahme entsprechend, wirklich vorgehabt, das Zeug zu kaufen, ist das die beste Form der Zivilcourage, die man aufbringen kann. Vielleicht noch Beine brechen. Aber ein bisschen fies fand ich es dennoch, denn ich bin ja wohl nicht der Typ Typ, der vorgeschnittene Radieschen kauft. Zwar würde ich mich durchaus als »modernen High-Performer« bezeichnen, das aber auch nur, weil ich öfter mal bekifft auf der Bühne stehe.

Wer aber in seinem durchgetakteten, auf Maximaleffizienz getrimmten Outperformer-Life keine Zeit dafür findet, zwischen dem Power-Workout und der mandatory Therapiesitzung zwei Minuten lang in Ruhe Radieschen zu schnippeln, besitzt mit Sicherheit auch keine Jogginghose und hat die Kontrolle über sein Leben durch zu viel Kontrolle über sein Leben verloren.

»Wer vorgeschnittene und eingeschweißte Radieschen kauft, stellt sich auch bei der U-Bahn mitten vor die Tür und will einsteigen, bevor alle anderen aussteigen. Wer vorgeschnittene und eingeschweißte Radieschen kauft, tippt dir von hinten auf die linke Schulter, damit du dich nach links umdrehst, und wartet auf der rechten Seite, um dir mit einer stinkenden Forelle ins Gesicht zu schlagen. Wer vorgeschnittene und eingeschweißte Radieschen kauft, bucht sich Inlandsflüge zum Zeitvertreib. Weil da oben der Tomatensaft einfach viel besser schmeckt. Wer vorgeschnittene und eingeschweißte Radieschen kauft, hält seinem Date im Restaurant auch die Tür auf und lässt es zuerst reingehen. Wenn drinnen ein Amoklauf stattfindet. Wer vorgeschnittene und eingeschweißte Radieschen kauft, kommt zur vierteljährlichen Kreuzfahrt mit seinem SUV angefahren und saugt vor dem Ablegen den Tank aus, damit er den Kanister später auf offener See über die Reling kippen und hinterherpissen kann. Und das Allerschlimmste: Wer vorgeschnittene und eingeschweißte Radieschen kauft, kauft einfach vorgeschnittene und eingeschweißte Radieschen. Wozu? Wie veramerikanisiert und künstlich soll unsere Scheißwelt eigentlich noch werden? Es gibt Sachen, die verpackt man nicht, die zieht man einfach aus der Erde und isst sie, und dazu zählen neben Karotten und Regenwürmern auch unzweifelhaft Radieschen. Vorher abwaschen kann man sie meinetwegen, aber das ist Geschmackssache.

Ich erinnere mich an einen Zahnarztbesuch, als ich fünf Jahre alt war, zu dem mich meine Mutter direkt vom Spielplatz gezerrt hat. Nach der ersten Inspektion meines Mundraums war der Zahnarzt ein bisschen irritiert und fragte: ›Frau Ritter, hat Ihr Sohn immer so viel Sand im Mund?‹ Und hat mir das geschadet? Ein bisschen vielleicht. Auf lange Sicht eher nicht. Ich steh noch immer hier und esse gerne Sandkuchen. Und Radieschen. Wie es auch die wilden Tiere machen. Pur und rein, wild und ungehemmt. Nachdem ich sie mit einem Messer selbst in feine Scheibchen zerhackt habe wie ein Neandertaler«, sagte ich zur Marktleiterin, um auf den Missstand in ihrem Betrieb aufmerksam zu machen.

»Aber regen Sie sich doch nicht so auf«, beruhigte sie mich. »Ich kann da gar nichts machen leider. Das regelt der Markt. Angebot und Nachfrage. Ist die Nachfrage dumm, ist das Angebot noch dümmer, so ist das eben. Und schauen Sie mal, wie viele Dumme hier rumlaufen, hahahaha, so viele Dumme! Aber schön, dass Sie uns darauf hinweisen. Hier, zur Belohnung schenk ich Ihnen was. Eine leckere Banane. Für die bessere Essbarkeit haben wir sie vorgeschält, gestückelt und in Plastik verschweißt. Guten Appetit!«

IRISCHE ODYSSEE

Als Literaturliebhaber hat man mitunter recht eigensinnige Vorstellungen von Spaß, oder genauer: davon, an welchen Orten es einem Spaß und Erfüllung bringen würde, ein bestimmtes Buch zu lesen. Vor langer Zeit schon, bei einem Schulausflug nach Weimar, *Der Deutsch-LK auf Goethes Fersen,* habe ich mich selbst dazu hingerissen, mir vor Ort den »Faust 2« zu kaufen, und habe ihn im saftigen Gras des Ilm-Ufers mit Blick auf Goethes Gartenhaus angelesen. Wann, wenn nicht hier, wo, wenn nicht jetzt! Das Vergnügen dauerte fünf Minuten und drei Seiten, dann war der Zauber des Moments verflogen. Seitdem habe ich den Schinken nicht mehr angerührt, er ist vermutlich bei einem Umzug verloren gegangen. Goethe wird's verkraften.

Es gibt Menschen, die aus solchen Erfahrungen lernen und sie nicht wiederholen. Ich saß ein paar Tage später am Fuß des Berliner Fernsehturms und vertiefte mich in die ersten Seiten von Döblins »Berlin Alexanderplatz«. Einige Jahre zogen ins Land (in denen ich den »Alexanderplatz« sogar zu Ende las, an unterschiedlichen Orten), und es erwischte mich erneut. Ich war in die Fänge einer dubiosen Kultgemeinschaft geraten, Studierende der Germanistik und der Anglistik, Literaturwissenschaftler. Ich war einer von ihnen. Es gab da diesen Trend, alle liefen ihm hinterher und griffen ihn auf, nichts war angesagter zu dieser Zeit in diesem Kreis.

Der Literaturlaub. Man suchte sich ein Buch passend zu einem Ort, reiste dorthin und las es dort. So sollte das innere Erleben bei der Rezeption durch das äußere Erleben ergänzt und gesteigert, die Einheit von Werk, Autor und Ort erfahrbar werden und in einem einzigartigen, fast transzendentalen Erlebnis ihren Höhepunkt erreichen. Da ich mit Mitte zwanzig recht empfänglich für solch pseudoakademisches Gefasel war, sprang ich mit Freuden auf den Zug auf und buchte meinen ersten Literaturlaub. In Dublin.

Es gibt einen Insiderwitz unter Literaturwissenschaftlern, über allzu strebsame und überengagierte Studierende. »Der hat sicher auch ›Ulysses‹ gelesen«, lästert man dann und zwinkert hektisch hinter der Lesebrille. Witzig? Nein. Wahr? Ja. Was für Bergsteiger die Erklimmung des Mount Everest ohne Sherpas ist, ist für Lesende »Ulysses«. 940 Seiten, die an einem einzigen Tag in Dublin spielen, Hunderte handelnde Personen, Tausende kurze Geschichtchen und als Höhepunkt ein Bewusstseinsstrom bestehend aus 22.000 Wörtern quasi ohne Satzzeichen.* Zu seinen Lebzeiten wurde James Joyce nicht unbedingt als das literarische Genie anerkannt, als das er heute bekannt ist, und ich kann mir gut vorstellen, woran das gelegen haben mag. Die Grenze zwischen Genie und Wahnsinn ist bekanntermaßen dünn.

Aber wo, wenn nicht in Dublin sollte man sich der Lebensaufgabe stellen, sich durch »Ulysses« zu ackern. Die Stadt ist besoffen von Joyce und diesem Buch. Auszüge aus dem Epochalwerk finden sich in Stein gemeißelt überall in der Stadt verteilt, und ja, man kann die Stationen des Buchs wunderbar ablaufen, es ist als Reiseführer wirklich hilfreich. In der

---

* Zum Vergleich: Das Buch, das Sie gerade in der Hand halten, besteht in seiner Gesamtheit aus nur knapp mehr als 22.000 Wörtern.

praktischen Umsetzung der einzigartigen literarischen Erfahrung gab es für mich aber ein paar Hindernisse, genauer zwei: das Wetter und die Unterkunft. Es regnete ununterbrochen. Für Irland nicht untypisch. Ich hatte mich außerdem, als Student der Geisteswissenschaften standesgemäß, in einem Hostel eingemietet, und zwar in einem 20er Mixed Dorm. Für gemütliche Leseruhe um mich herum sah es so düster aus wie das irische Bier. Trotzdem hielt ich für ein paar Tage an meinem Vorhaben fest, las und las, und schlief. Das größte Problem war nämlich, und es wurde mir von vielen, vielen Leuten bestätigt, die sich der gleichen Aufgabe stellen wollten: Man schläft einfach alle zwanzig Seiten ein, wenn man ernsthaft versucht, »Ulysses« zu lesen. Heißer Tipp für Leute mit Schlafproblemen: Legt euch den Wälzer aufs Nachtschränkchen, es wirkt zuverlässiger als jede Melatonintablette. Tag für Tag verfestigte sich während meiner kurzen Wachphasen ein Gedanke in mir: Ich hab es immerhin versucht. Über Seite 100 von »Ulysses« hinauszukommen, ist schon weitaus mehr, als die Mehrheit der Menschheit geschafft hat, vielleicht werde ich irgendwann erkennen, was mir diese Erfahrung gebracht hat fürs Leben, vielleicht ist es ja mal eine Erwähnung in einer meiner Geschichten wert, das kann ich jetzt noch nicht wissen, jedenfalls aber ist es höchste Zeit, die Scheuklappen ab und dieses Buch aus der Hand zu legen, ich bin in Irland, ich bin in Dublin, ich sollte vom passiven ins aktive Erleben wechseln, Leopold Bloom und seine Tagesgestaltung von 1904 mal vergessen für eine Zeit, oder für immer, und mich selbst ins Leben, ins Getümmel stürzen, spontan und ohne Plan, dem allerersten Vorschlag, den ich von irgendwem bekommen würde, würde ich folgen, ja! In hohem Bogen warf ich das Buch auf den Holzboden, sprang vom durchhängenden Einzelbett, rieb mir die Augen und sah mich im Dorm um. Dem Lichteinfall nach schien es früher Nachmittag zu sein, die meisten der zwanzig Betten waren leer, in zweien saßen müde Gestalten und lasen »Ulysses«. Das Bett direkt neben meinem war aktuell auch besetzt.

»Wer bist du eigentlich?«, fragte ich.

»Wow, du liegst seit einer Woche neben mir und kommst jetzt schon auf die Idee, mal Hallo zu sagen. Respekt! Ich bin Meike. Aus Magdeburg.«

»Angenehm. Kannst du mir einen Tipp geben, was ich hier so erleben kann?«

»Rausgehen.«

»Das ist schon mal 'ne gute Idee. Aber wohin?«

»Raus aus Dublin.«

»Mach ich. Wo warst du schon?«

»In Letterfrack.«

»Wo ist das?«

»An der Westküste. Einmal quer durch ganz Irland.«

»Was soll ich dort tun?«

»In *Peter's Pub* gehen.«

»Mach ich. Wie komm ich da hin?«

»Irgendwie.«

»Cool.«

»Soll ich dir vielleicht noch ein bisschen mehr drüber erzählen?«

»Meinetwegen.«

Meike war nach Dublin gekommen, um »Ulysses« zu lesen, natürlich, hat sich das Hirngespinst aber sehr viel schneller ausgetrieben als ich, war stattdessen auf eigene Faust durchs

Land gereist, quasi als Vorarbeit für andere verlorene Literaturseelen. Viele zauberhafte Orte habe sie gesehen, berichtete sie, aber das absolute Highlight war für sie nun mal *Peter's Pub* in Letterfrack. Das könne sie einfach nur jedem empfehlen, bedingungslos. Sie war vor vier Wochen da und denke noch immer jeden Tag daran zurück. Es sei ein Mikrokosmos der Lebenslust und Peter der herzlichste Mensch überhaupt auf der Welt, sie habe dort eine der besten Nächte ihres Lebens verbracht. Die Stammgäste hätten auf den Tischen getanzt und Schifferklavier und Flöte gespielt. Jeder neue Gast sei mit Glockengebimmel von Peter persönlich begrüßt worden, und dann hätten alle ein improvisiertes Lied auf ihn gesungen, unvorstellbar, dazu das Bier, schwarz wie der Humor, und die Cocktails, stark wie ein Lumberjack, Peter sei Weltmeister im Cocktailshaken oder Ähnliches, ich müsse mir das unbedingt ansehen.

Sie brauchte gar nicht weiterreden, es war um mich geschehen, und ich hatte meine neue Bestimmung gefunden: Peter in seinem Pub und die abgedrehten, musizierenden Gäste kennenlernen.

Selbst im sehr überschaubaren Letterfrack lag *Peter's Pub* etwas versteckt. Nach der vierstündigen Anreise aus Dublin trat ich durstig und in bester Feierlaune ein. Keine Musik, keine Stimmung, alle weinten. Peter hatte in der Nacht zuvor eine seiner legendären Gute-Laune-Aktionen gestartet, berichtete mir seine Frau Dolly, die an seiner statt nun die Theke schmiss. Peter sei auf den letterfrackschen Kirchturm geklettert, habe dort oben ein Lied angestimmt, angefeuert von den Pubgästen auf dem Kirchplatz, na ja, und letztendlich sei er dann runtergefallen. Und gestorben. Hups.

Ich sollte dann in die Trauerrunde integriert werden, in der sich alle rührende Geschichten über ihn erzählten, und steuerte bei: »Do you remember Meike from Germany? She had a really good time here.«

Augenblicklich schlug die Stimmung ein bisschen ins Aggressive um, nach etwas bestätigendem Gemurmel sehr ins Aggressive. Was Meike mir wohl unbedacht verschwiegen hatte, war, dass ihre Erinnerungen an *Peter's Pub* hauptsächlich deshalb so positiv ausfielen, weil Peter mitnichten Weltmeister im Cocktailshaken, dafür aber irischer Meister im Meikeshaken war, in anderen Worten hatte er seine Frau mit ihr betrogen, die hatte es herausgefunden und Meike from Germany noch ziemlich gut im Gedächtnis. Was mir wiederum das Erlebnis verschaffte, begleitet von lebensfrohen Flöten- und Schifferklavierklängen aus dem Dorf gejagt zu werden. Immerhin mal was erlebt.

Zurück im Dubliner Hostel fragte mich Meike, ob ich denn Spaß gehabt hätte in Letterfrack. Ja, meinte ich, es sei alles genau so gewesen, wie sie es beschrieben habe. Außerdem habe Peter gesagt, sie solle doch ganz dringend und ganz bald mal wieder bei ihm vorbeischauen.

DER PFERDI UND DIE NENA

Wir stehen an der Theke einer Bar herum und trinken leichten Weißwein. Wir, das sind Franz und ich, und wo, das ist Paris. Franz ist ein frankophiler Typ, der an der Sorbonne studiert, Auslandssemester. Wir kennen uns von einer WG-Party in den Nullerjahren in Flensburg, sind immer lose in Kontakt geblieben, und als ich mich vor einigen Tagen auf dem Weg zum Bon Marché verlaufen habe, stand er plötzlich vor mir und sagte »Moin«. Wie das Leben so spielt.

Wir stehen also in dieser Bar im dritten Arrondissement an der Theke und trinken Weißwein, wie man das so macht, und reden in unserer Landessprache, wie das sonst keiner macht. Unser Gespräch kreist darum, auf wie vielen Quadratmetern wir wohnen, wie viel Miete wir zahlen, ob der Mieterschutzbund da was machen kann und ob man Joghurtbecher eigentlich ausspülen sollte, bevor man sie im Gelben Sack entsorgt. Was Deutsche eben so reden, wenn sie Spaß haben. Plötzlich steht ein Typ neben uns und guckt uns erwartungsvoll an. Wir gucken erwartungsvoll zurück.

»Hawa d'Ere«, sagt er.

»Was?«, sag ich.

»Hawa d'Ere.«

»Excusez, nous sommes allemand«, sagt Franz.

»Habldahäbldäblodi«, sagt er und will uns damit mitteilen, dass er auch Deutscher sei und zwar, um genau zu sein, aus Bayern, und um unnötigerweise noch genauer zu sein, aus der Oberpfalz. Dass er uns auf Deutsch hat reden hören und mal dringend was beitragen müsse, sagt er, nämlich dass man Joghurtbecher seines Wissens nicht ausspülen müsse, bevor man sie in den Gelben Sack stecke. Dass er sich fürderhin nun als unser Freund zumindest für den aktuellen Abend zu betrachten gedenke, sagt er, da wir ja was gemeinsam hätten, nämlich als Fremde hier in der Ferne zu sein, es ja schon ein doller Zufall sei, dass man sich hier überhaupt über den Weg laufe, und ob wir zufällig die Meiers Vroni aus seinem Nachbardorf kennen, die wohne im Onzième.

Natürlich hat er das nicht alles genau so gesagt, aber ich glaube, ich habe ziemlich viel richtig in sein kehliges Geknurre hineininterpretiert, da ich eine gewisse Erfahrung im Umgang mit den bayrischen Sprachen habe. Franz hingegen ist gestandener, durchgekühlter Norddeutscher, ihm steht das pure Entsetzen im Gesicht. Unser neuer Freund trägt ein kariertes Hemd und ein Halstuch mit Emblem der Uni Regensburg. Er verströmt die typisch bayrische Weltgewandtheit, die einschließt, dass man alles gesehen hat, wenn man München gesehen hat, und dass man nur schwer glauben kann, dass der persönliche Dorfdialekt nicht überall auf der Welt verstanden wird. Allerdings beinhaltet sie auch, die Spendierhosen durch die Gegend zu tragen, deshalb ist er in unserer Mitte willkommen, entscheide ich. Die wichtigsten Informationen übersetze ich Franz einfach ins Hochdeutsche. Zum Beispiel den Namen unseres neuen Freunds, der nach eigener Aussage Pferdi lautet. »Bin da Pferdi, servas.«

Der Pferdi bestellt also drei Halbe und drei Kurze, ich sage Franz, was das bedeutet, und Franz gibt die Bestellung auf Französisch an den Barmann weiter. Letztlich bekommen wir eine neue Flasche Weißwein. Wo in der Übersetzungskette nun der Fehler war, ist nicht mehr auszumachen.

»Naaaaa«, ruft der Pferdi, »des gibt's ja nedda«, und deutet ungläubig auf den Lautsprecher in der Ecke. »99 Luftballons«. Das ist es, was ihn so aus dem Häuschen, oder, wie er sagen würde, »aus dem Häuserl« bringt.

»Die Nena! Da spüit die Nena.«

Ich versuche, ihm zu vermitteln, dass das nicht unbedingt was Besonderes sei, ganz im Gegenteil sogar, denn das überschaubare deutsche musikalische Kulturgut, das sich über die Welt verbreitet hat, bestehe nun mal aus *Modern Talking*, *Rammstein* und zwei Songs von Nena. Auch im letzten vergessenen Winkel der Welt, sagen wir auf St. Helena, kann jeder »99 Luftballons« von vorne bis hinten mitsingen, natürlich wohl, ohne genau jedes Wort zu verstehen, denn manche der antiquierten Ausdrücke des Liedtexts erschließen sich ja nicht mal mehr deutschen Muttersprachlern unter dreißig. »Gerafft«? »Angemacht«? Hä? Man sollte die große Künstlerin Nena nicht nur darauf reduzieren, erkläre ich dem Pferdi weiter, dass sie mit einem Lied ihrer allerersten Platte im Jahr 1982 zufällig einen Welthit gelandet hat. Um das Bild abzurunden, müsse man auch immer ihre Folgealben mitdenken, die alle durchaus erfolglos gewesen waren, und den Umstand, dass sie als im Umgang eher schwierige Person gelte, ständig Hotelzimmer ruiniere, weil sie ihre Duftkerzen mitbringe und das Wachs auf alle Möbel träufele, um die Kerzen daran festzumachen, um in Stimmung für ihre indische Meditation bei genau 23,2 Grad Zimmertemperatur zu kommen. Diese mariahcareyeske Exaltiertheit sollte man nie vergessen, wenn man über Nena und ihre Musik spricht. Jedenfalls: »99 Luftballons« werde täglich etwa vierzigtausendmal auf Radiosendern rund um die Welt gespielt und ist weit bekannter als die deutsche Nationalhymne, da müsse man nicht gleich ausflippen, weil man das auch mal in Paris hört.

»ABRR DA ISCH D'NEEENAAA!«, kreischt der Pferdi und deutet wieder hinter mich. Ich drehe mich jetzt mal um. Und tatsächlich, der Pferdi hat recht. Da steht die Nena, die echte Nena, DIE Nena, auf einer kleinen Bühne in der Ecke und in ihrer Lederjacke, die sie seit den Achtzigern trägt, und singt »99 Luftballons«. Sie rockt sich richtig einen ab, die alte Rock- und Quasselröhre. Bisher war mir nie aufgefallen, dass man den Refrain von »99 Luftballons« problemlos ins Französische übersetzen kann, ohne dass das Versmaß kaputtgeht, trotz der sehr umständlichen französischen Zählweise kurz unter hundert. »Quatre-vingt-dix-neuf ballons«, trällert die Nena.

Dem Franz und dem Pferdi stehen die Tränen in den Augen, und mir wird auch ganz warm ums Herzerl. Die Nena zwinkert mir frech zu in ihrer ewigen, ungelifteten Jugendlichkeit, sie reckt die Metalfaust in die Höhe, und ich, ich kann mich gar nicht wehren, ich verliebe mich ein bisschen, bin starstruck in Paris. Das ist ja auch ein Ding. Wir sehen die offizielle Botschafterin des naiven Pazifismus und der geschäftstüchtigen Esoterik bei der zigtausendsten Liveperformance ihrer ewigen Luft-und-Liebe-Hymne. Pure Magie flirrt durch die Luft. Die Nena, es gibt sie also wirklich. Soll sie so viele Hotelsofas mit ihren Kerzen vollwachsen, wie sie will, denke ich, wen interessiert das schon, solange sie nur weiterhin recht oft von den Luftballons singt. Wofür es sie selbst in Person eigentlich gar nicht mehr bräuchte, siehe ABBA, aber wer sollte ihr das schon ausrichten?

Der Pferdi und der Franz lauschen mit zunehmender Gerührtheit, nehmen sich in den Arm, obwohl sie sich nicht verstehen, und hauchen zusammen »Düsenflieger«. Die Nena ist fertig mit dem Song, wir klatschen eifrig, der Barmann wienert ein Glas. Die Nena faltet ergriffen von sich selbst die Hände und sagt »Merci, Paris, thank you, danke! L'amour, oui, l'amour!« und dass sie für uns jetzt gerne noch ein paar neue Songs vom bald erscheinenden Album spielen würde. Wir gehen in eine andere Bar.

RÜGEN AUF RÜGEN

»Ich hätte gern einen Strandkorb! Den besten und schönsten und korbigsten, den Sie haben!«, sage ich strahlend und voll Vorfreude auf ein paar Tage pure ostdeutsche Sonne.

Der Strandkorbverleiher mustert mich eher skeptisch aus seiner Strandkorbverleihbude heraus. Er wirkt nicht so, als hätte er in absehbarer Zeit vor, mir zu antworten. Mit der Handkante wischt er ein paar Sandkörnchen von seinem Tresen, senkt den Kopf und prüft den Sitz seiner sandfarbenen Strandsandalen. Dann antwortet er doch: »Sagen Sie mal, wollen Sie mich beleidigen? Glauben Sie, ich hätte verschiedene Kategorien an Strandkörben auf der Fläche? Was ist das für ein klassistisches Denken, das Sie da an den Tach legen? Wir sind hier nicht auf Sylt! Wenn ich bessere Strandkörbe hätte, hätte ich auch schlechtere Strandkörbe. Und wenn es hier eines nicht gibt, dann sind das schlechte Strandkörbe! Ich habe ausschließlich Topstrandkörbe im Repertoire, 1A gepflegt und in Schuss gehalten. Sie können froh sein, wenn ich Ihnen überhaupt einen gebe! Nur aus reiner Gutmütigkeit mach ich das. Vielleicht.«

»Verzeihung, ich, äh, wollte nicht ... Also ich hätte bitte gern einen Strandkorb. Irgendeinen.«

»Gerade erst angekommen, was? Sie können wohl noch nicht so gut mit unserer nordostdeutschen, schrullig-schroffen Art, wie?«

»Ja, gerade erst angekommen, richtig.«

»Herzlich willkommen, dann wünsch ich Ihnen ma' einen schönen letzten Sonnentach!«

»Wie, was, letzter Sonnentag? Es ist doch Juli, Hochsommer.«

»Ich will Ihnen nich' zu viel verraten, aber ein Geheimnis is' es nu' auch nicht: Ab morgen wird's 'n bisschen windig hier. Ham Sie nicht so 'ne Wetter-App, auf der Sie nachschauen können, ob's windig wird?«

»Ja schon, aber da hab ich jetzt eher nur nach den Temperaturen ...«

»Ich brauch so was ja gar nicht, so'n Krams. Wenn man aus dem Norden kommt, dann riecht man das in der Luft, wenn das Wetter umschwingt, dann hat man das im Gefühl. Ich sach Ihnen: Wenn ich morgens auf Klo sitze und mein linker kleiner Zeh juckt, dann wird's mindestens Windstärke 8. Heut morgen hat's gejuckt.«

»Ist das viel?«

»Windstärke 8?«

»Ja.«

»Was glauben Sie denn?«

»Ich hab absolut keine Ahnung.«

»Sie sind mir ja 'n lustiger Vogel. Wollen hier Urlaub machen, denken wohl: Jaja, die Ostsee, das is' ja nur'n Teich, schön ruhig ist die. Kann man entspannen, den ganzen Tach am Strand rumliegen und sich die Sonne auf den dicken Bauch scheinen lassen wie auf Malotze, was? Und dann kommen Sie hier her und erdreisten sich, keine Ahnung davon zu haben, was Windstärken sind. Wissen Sie, wie wir hier auf Rügen so Leute wie Sie in unserem Heimatdialekt nennen?«

»Nee, weiß ich nicht.«

»Depp! Depp nennen wir Sie. Nicht falsch verstehen, gar nicht böse gemeint, ist so ’ne regionale Eigenheit hier, dass wir ein bisschen direkt sind. Ich wette, Sie haben nicht mal ’ne ordentliche Regenjacke dabei, Sie Depp?«

»Kann ich die Aussage bitte verweigern?«

»Um aufs Geschäftliche zurückzukommen: Strandkorb für’n halben Tach fuffzich Euro.«

»Und wenn ich ihn nur für eine Stunde nehme?«

»Stunde zählt als halber Tach. Hundert Euro Pfand dazu, nur Barzahlung, und ich kann nicht rausgeben im Moment. Also bitte passend.«

Er hält die Hand auf und zeigt plötzlich ein breites Lächeln.

»Sie können’s auch gern woanders versuchen. Der nächste Strandkorbverleih ist zwei Kilometer die Küste runter«, fügt er fast schon charmant an. »Ist mein Bruder.«

Mit einem winzigen Schlüsselchen, das an einem enormen Holzblock, versehen mit der Strandkorbnummer, befestigt ist, wate ich durch den tiefen Sand in Richtung unseres frisch angemieteten Korbs und sammle auf halbem Weg Andrea ein.

»Hat aber lang gedauert«, sagt er.

»Ich möchte nicht darüber reden«, antworte ich.

»Ich hab mal nachgeschaut, wie das Wetter wird in den nächsten Tagen. Ist Windstärke 8 eigentlich viel?«

»Schau, da is’ unser Korb!«

»Hast du gehört, was ich gesagt habe?«

»Willkommen zu Hause!«, sage ich und schließe auf.

SICH RÜGEN FÜGEN

Wir werden davon geweckt, dass ein Stuhl selbstständig unseren Balkon entlangrattert. Zum Finale bläst ihn der Wind ganz um, es tut einen Schlag. Ich schlage mir selbst an die Stirn und mache mir Vorwürfe, bei der Urlaubsplanung nicht auch noch die Eventualitäten Orkan und Sturmflut mit einberechnet zu haben, aber woran soll man denn noch alles denken? Es ist ja schon schwierig genug, sich überhaupt für nur ein Urlaubsziel zu entscheiden und alles daraufhin auszurichten. Erst mal müssen sich alle Beteiligten freinehmen. Sofern sie einem geregelten Arbeitsverhältnis mit festem Einkommen nachgehen und sich nicht *freischaffender Schriftsteller* oder etwas ähnlich hanebüchen Irrationales als Beruf ausgesucht haben. In unserem Fall musste sich also einer freinehmen, und ich hatte sowieso Zeit. Dann muss die Anreise organisiert und rechtzeitig die Freizeitgarderobe auf das Reiseziel hin abgestimmt und eventuell ergänzt werden. Zum Beispiel macht man sich Gedanken, ob man wirklich mit Crocs am Strand herumlaufen möchte. Ja, sie sind sehr bequem und so herrlich einfach abwaschbar. Wenn man Crocs an den Füßen trägt, sieht man aber immer so aus, als käme man direkt von der Gartenarbeit. Niemand ist verwundert, wenn eine Person in Crocs ein Bündel Unkraut mit sich herumträgt, egal wo auf der Welt. Crocs und Unkraut sind Komplementäraccessoires, die gehören einfach zusammen.

Man muss sich außerdem entscheiden, ob und wenn ja wie viele Pullover man mitnimmt, schließlich ist Sommerurlaub, und Pullover passen da nicht recht, aber überall kann es zu frischen Brisen kommen. Also nur einen Pullover für den Notfall, den man auch stilvoll mit sich herumtragen kann, locker übers Polohemd geworfen wie ein cremeglänzender Münchner BWL-Student, oder doch lieber eine Auswahl an Pullovern, weil der eine, den man dabeihat, vielleicht nicht zur Tageslaune passt, wenn man ihn braucht? Oder nehmen zu viele Pullover im Koffer den Platz für die Crocs weg? So viele, so unendlich viele schwere Entscheidungen! Wie soll man da noch, und kann man überhaupt, Wettereskapaden berücksichtigen, die einem das Faulenzen am Strand verstürmen? Nein, kann man nicht, entscheide ich. Als wir vor acht Wochen gebucht haben, war das unmöglich abzusehen. Trotzdem nehme ich die Schuld auf mich, das hat sich so eingespielt. Wenn irgendwas innerhalb der Grenzen Deutschlands nicht so ganz rund läuft, ist es meine Schuld, einfache Regel, haben sich alle dran gewöhnt. Bei jedem zweiten Restaurantbesuch verteidige ich meine Landsleute, weil sie sich noch keine Möglichkeit zur Kartenzahlung angeschafft haben, jetzt eben das Wetter.

»Was hältst du von einem erfrischenden Spaziergang?«, frage ich voll gespielten Elans.

»Wir haben nicht mal Jacken dabei«, sagt Andrea.

Auf dem Balkon weht es den Tisch um.

Bei Jack Wolfskin gab es nur noch Windbreaker im Partnerlook und in absurden Farbkombinationen. Gemustert wie ein LSD-Trip stemmen wir uns gegen den pfeifenden Wind und arbeiten uns zentimeterweise die Hauptstraße Richtung

Strandpromenade vor. Meer gucken. Ob das eine gute Idee ist? Fraglich. Immerhin sind wir nicht die Einzigen, die sich der Naturgewalt stellen, sogar Familien mit Kindern sind unterwegs. Die Kinder werden an Leinen gehalten, damit sie nicht davonwehen. Das ist mal 'ne ordentliche Ausstattung, Respekt! Ich hoffe nur, es ist keine Allwetterlösung und die werden wieder von der Leine gelassen, wenn der Sturm vorbei ist. Ich lecke mir über die Oberlippe und schmecke Salz. Da ist es schon, das Meer. Tapfer kämpfen wir uns weiter auf die hölzerne Seebrücke. »Seebad Binz« steht einladend über ihr. Das »Ost-« hat's wahrscheinlich schon weggeweht.

»Da sind ja Leute im Wasser«, sage ich erstaunt.

»WAS?«, ruft Andrea, der direkt neben mir steht.

»LEUTE. IM WASSER.«

»AHA«, ruft er.

»SURFER«, ordne ich genauer ein.

»SCHÖN HIER IN DEUTSCHLAND, WAS?«, mischt sich eine raue Stimme neben uns ein. Ein etwas kleinerer Mann, der in Anbetracht der Windverhältnisse ziemlich lässig gegen das Geländer der Seebrücke gelehnt dasteht.

»JA, SEHR SCHÖN«, rufen wir beide.

»TOLLE JACKEN HABEN SIE DA AN«, sagt er.

»FINDE ICH NICHT«, rufe ich.

»SIND NEU«, erklärt Andrea.

Manchmal gehen wir beide etwas zu sehr ins Detail. Ein einfaches »Danke« hätte es sicher auch getan.

»MAN SAGT JA, ES GIBT KEIN SCHLECHTES WETTER, NUR SCHLECHTE KLEIDUNG. BEI IHNEN IST BEIDES STÜRMISCH«, ruft der Mann.

»DANKE«, rufe ich. Ich habe ihn nicht wirklich verstanden.

Der Wind peitscht die Wellen unter uns immer höher, es geht ziemlich turbulent zu. Von unten, oben und der Seite spritzt Wasser auf uns. Wir beobachten, wie die Surfer in ihren Ganzkörperneoprenanzügen versuchen, die Wellen zu reiten. Manche schaffen es ein paar Sekunden, bevor das Meer sie wieder vereinnahmt. Die meisten liegen flach auf den Brettern und paddeln mit den Armen gegen die Naturgewalt an. Was für ein eigenartiges Hobby, denke ich. Sie machen es sich einfach so schwer wie möglich, eine der absoluten menschlichen Grundfunktionen auszuführen: stehen. Und wenn sie es gegen alle Widerstände für eine Weile geschafft haben, feiern sie sich dafür. Einige Wellenreiter haben schon aufgegeben und schlurfen, die Bretter unter die Arme geklemmt, erschöpft und zitternd mit blauen Lippen an uns vorbei.

»Sieht irgendwie nicht so aus, als hätten die Spaß«, sag ich.

»ALLES ZAHNÄRZTE«, antwortet unser neuer Bekannter.

»WOHER WISSEN SIE DAS?«

»ICH BIN AUCH ZAHNARZT.«

»AHA.«

Er zieht einen Flachmann aus seiner Jacke und hält ihn uns hin, ich greife zuerst zu und wärme mich von innen. Es sieht so aus, als hätten wir einen Freund gefunden. Nachdem wir Brüderschaft getrunken haben, entscheiden wir, dass es an der Zeit ist, sich auch von außen zu wärmen, und gehen in eines der Promenadencafés. Wir bestellen Tee, und der Flachmann sorgt für den Schuss.

»Gestern war noch Sommer«, sag ich beim Anstoßen, »da haben wir noch im Strandkorb gelümmelt.«

»Ich auch, ich auch«, sagt der Zahnarzt. »Nächstes Jahr wieder.«

»Ich versteh die Surfer wirklich nicht. Die sahen doch aus wie halb tot, als sie aus dem Wasser gekommen sind. Wieso machen die das? Freiwillig?«

»Irgendwas muss man ja machen.«

»Das ist aber 'ne ziemliche Generalantwort.«

»Stimmt. Aber sie stimmt eben auch. Klar ist es Quatsch, was die machen. Irgendwann ist einer auf die Idee gekommen, mit einem Brett ins Meer zu gehen, weil er mal schauen wollte, ob er drauf stehen kann, wenn's ein bisschen Wellen gibt. Und jetzt gibt es Dachgepäckträger für Surfboards und Neoprenschuhe, und Red Bull macht Extreme-Events draus. Davon lebt eine ganze Industrie. So ist das doch überall. Irgendwann hat sich einer gedacht: Mal schauen, wie weit ich hüpfen kann, wenn ich mit meinen Skiern nur lange genug Anlauf nehme und der Hügel möglichst steil ist. Was haben wir davon? Die Vierschanzentournee. Möglichst lang auf der Welle stehen, möglichst lang in der Luft sein, alles so lang wie möglich oder so schnell wie möglich oder so umständlich wie möglich. Hast du dir mal 50 Kilometer Gehen angeschaut? Behämmert. Alle Hobbys sind völliger Nonsens, wenn man mal drüber nachdenkt. Aber die Leute müssen eben irgendwie die Zeit rumbringen. Das Leben besteht eben nicht nur daraus, Leuten in den Mund zu schauen.«

»Das mach ich tatsächlich selten.«

»Und ich dafür sehr oft. Macht nicht immer Spaß, aber ist eben mein Ding. Und ihr beide? Ihr macht doch Urlaub hier, oder?«

»Richtig.«

»Und warum?«

»Na ja. Irgendwas muss man ja machen.«

DIE ANDERE BUBBLE

Die ist aber ganz schön dick, denke ich. Ganz schön dick. Da muss man doch was machen! Ich gehe durch die sieben Taschen meiner Winterjacke und finde: einen Kugelschreiber in Regenbogenfarben. Ein Feuerzeug. Einen Labello. Ein Päckchen Ricola-Zitrone-Bonbons, in dem noch ein Ricola Zitrone am Boden festklemmt. Ich schüttle es heraus und stecke es mir in den Mund. Ein benutztes Taschentuch. Ein unbenutztes Taschentuch. Ein Taschentuch, bei dem ich mir nicht sicher bin, ob es benutzt ist oder nicht. Ich benutze es. Jetzt ist der Fall klar. Eine weiße FFP2-Maske. Eine blaue FFP2-Maske. Eine medizinische Maske. Ein einzelnes Gummibärchen, grün. Eine schwarze FFP2-Maske – die für die gehobenen Anlässe. Eine zebragestreifte FFP2-Maske. Die habe ich letztes Jahr im Berliner Zoo am Kassenhäuschen bekommen und dachte, ich könnte sie sicherlich mal bei crazy Partys tragen und damit imponieren, wurde dann aber gar nicht zu crazy Partys eingeladen leider. Ich setze sie auf und mache ein Selfie. Man weiß ja nie. Ein halber Bierdeckel. 20 Cent. Ein Tischtennisball. Ein Zettel mit dem Namen *Annegret.* Ein Päckchen Salatkräuter, italienische Art. Die andere Hälfte des Bierdeckels. Handcreme Kamille. Was stand noch mal auf dem Zettel? Annegret!

Warum genau hab ich einen Zettel mit der Information »Annegret« in meiner Jacke? Ich betrachte meine eigene, zackig geschwungene Handschrift und versuche, mich zu erinnern. Der wunderliche Name verschwimmt vor meinen Augen, und plötzlich, als hätte ich sie aus einer tiefen Manteltasche geborgen, blitzen Erinnerungen auf. Ungute Erinnerungen ...

Bei einem Besuch *auf dem Land* war ich von einem entfernten Bekannten zu einer Geburtstagsparty »mit Reinfeiern« mitgeschleppt worden. Ich möchte das genaue Bundesland nicht erwähnen, um keine Vorurteile irgendwelcher Art zu bestärken. Sagen wir einfach, es wird genau das Bundesland gewesen sein, das Sie sich in der Folge vorstellen werden, und keinesfalls das, in dem Sie selbst wohnen. Vor dem freistehenden Haus war eine Reihe Autos geparkt, deren Hecks großflächig mit aufgeklebten Warnschildern verziert waren. Aus den meisten Aufklebern ragte ein grimmiger Typ heraus, der abwehrend seine Handfläche zeigte. Vielleicht hätte ich auf ihn hören sollen.

Hauptsächlich machte ich mir Sorgen. Deshalb nämlich, weil ich überhaupt keine Ahnung hatte, wer hier eigentlich wohnt und demzufolge wohl Geburtstag hat. Es war ziemlich viel los, meinen Bekannten hatte ich im Gedränge verloren, und einfach irgendwen fragen: »Ääh, sag mal, bei wem sind wir hier eigentlich?«, kam mir eher unschick vor.

Mitternacht war nicht mehr weit, und ich wollte mir trotz allem nicht die Blöße geben, beim anstehenden Happy-Birthday-Singen an der Stelle, an der man den Namen einsetzt, nur »hnhnhn« zu singen. »Happy Birthday, liebe ... hnhnhn ..., happy Birthday to you.«

Ich tat also, was in solchen Situationen das Naheliegendste ist, zumindest wenn man viele True-Crime-Podcasts hört: Ich suchte in der Küche heimlich nach ungeöffneten Briefen. Oder geöffneten Briefen, oder dem IKEA-Katalog, dem Impfausweis, irgendwas, auf dem eben ein Name steht. Und wurde fündig. Post vom Finanzamt. Die ist ja meistens Grund zur Freude. Finanzamtspost an Annegret. Annegret Huber. So hieß also das Glückskind, die Hausdame, die Jubilarin, die zu Besingende. Ich notierte mir den Namen auf einen Zettel, damit ich gleich spicken konnte.

Schon war es Mitternacht, und schon wurde gesungen.

»Happy Birthday, liebe Anne-«

»GRET«, sang ich als Einziger.

»Happy Birthday to you«, sangen alle schnell fertig, und Annegret stand der Schock im Gesicht.

»Hab ich was falsch gemacht?«, fragte ich. Offensichtlich.

Hinter den Kulissen der Party, in Annegrets Schlafzimmer, erklärte mir mein wiedergefundener Bekannter, dass Annegret es auf den Tod nicht ausstehen könne, Annegret genannt zu werden. Sie bevorzuge, nein, bestehe, nein, *insistiere* auf dem einfachen und anmutigen Anne. Ohne -gret.

Ich meinte, sich einfach nur Anne zu nennen, sei ja eher nicht so außergewöhnlich. Zum Beispiel hießen ja auch alle türkischen Mütter Anne.

Er verstand nicht ganz, wie ich das meinte, erklärte mir aber Annegrets Abneigung gegen ihren Namen.

»Wegen der Greta ist das.«

»Wegen wem?«

»Na wegen der Klima-Greta. Die Anne mag die nicht. Überhaupt nicht mag die die.«

»Die Annegret mag die Greta nicht?«

»Die Anne mag die Greta nicht, richtig.«

»Und deshalb hat sie das -gret hinter Anne gestrichen, weil sich das so ähnlich anhört?«

»Genau. Aus Protest.«

»Das ist ja völlig bescheuert. Und wieso mag sie die Greta nicht?«

»Na, weil sie gern Auto fährt.«

»Und sie glaubt, dass ihr die Greta ihr Auto wegnimmt?«

»Na ja, auf lange Sicht schon, denk ich.«

»Aha. *Verstehe. Logisch.*«

Dieser Talk war mir schon einigermaßen unangenehm gewesen, aber der unangenehmste Part des Abends war da noch gar nicht erreicht. Ich weiß nicht, wie es genau passierte, aber irgendwie kam ich ins Gespräch mit so einem Holger. Er hieß wahrscheinlich gar nicht Holger, aber wenn ich sage, es war »so ein Holger«, dann kann man sich schon gut vorstellen, was das für ein Holger war.

Wir plauderten so über dies und das, über neue Hobbys, die wir uns in der Pandemiezeit zugelegt haben, Seilspringen, Puzzeln, Kleintierzucht, Fensterputzen, Wohnen, solche Dinge, und analysierten dann auf Expertenniveau die gegenwärtige Lage.

»Ganz besonders schlimm«, sagte ich, »ganz besonders schlimm ist das ja alles für die Schüler:innen, denen ein Teil ihrer Jugend gestohlen wurde, der sich nicht so leicht nachholen lässt. Prägende Jahre in der Entwicklung, die sich ja eigentlich durch ein Auflehnen, durch Rebellion, durch das Ausreizen und Brechen von auferlegten Regeln auszeichnen sollte. Die Jugend ist ein Freifahrtschein zur Unvernunft. Da staut sich doch was auf, wenn Vernunft und das Einhalten von Regeln oberstes Credo für alle ist ...«

Während ich weiterdozierte, merkte ich, wie sich in Holgers Gesicht etwas zusammenbraute. Ein Zucken in den Mundwinkeln, ein punktuelles Aufröten der Wangen und der Stirn, ein Flattern der Augenlider, mit irgendwas hatte ich ihn in innere Unruhe versetzt. Ich roch Angriffslust in seinem Pilsatem.

»Und deshalb bedauere ich die Situation der Schüler:innen wirklich sehr«, schloss ich.

Um Holger war es geschehen, der Vulkan brach aus.

»Hihihihoho, Schüler:innen. Hast du das wirklich gesagt? Freiwillig? Die Schüler:innen. Hähähähä. Und die Schüler:außen, was? Hahahahihihi. Schüler außen! Hähähähä. Verstehst? Innen, außen, hohohoho. Genderwahn! Genderunsinn. Schüler:innen. Hähähähä. Dummes Zeug. Wie bei den *heute*-Nachrichten. Die kann man ja auch nicht mehr schauen.«

Ich ließ Holger stehen und suchte mir einen neuen Gesprächspartner, der sich leider als Doppelholger entpuppte. Er erzählte mir was von seiner Freundin, also erzählte ich ihm was von meinem Freund. Ziemlich schnell wechselte er dann das Thema, und wir landeten bei Körperhygiene, genauer beim Nasenhaartrimmen, das wir beide erst kürzlich für uns entdeckt hatten und von dem wirgroße Fans geworden sind.

»Du kannst dir gar nicht vorstellen, wie lang die werden, die Dinger. Manchmal hol ich eines raus, das hat an die zwanzig Zentimeter, ich hab's nachgemessen«, sagte er und fügte überraschend an: »Übrigens, also: Ich find das völlig okay.«

»Was denn?«, fragte ich.

»Dass es schwule Männer gibt. So im Allgemeinen. Absolut kein Thema. Akzeptier ich total. Solang die mich in Ruhe lassen, höhö.«

Woraufhin ich spontan meinte, nach meiner professionellen Einschätzung müsse er sich da eigentlich gar keine

Sorgen machen. Allein sein kariertes Baumwollhemd sei jetzt nicht unbedingt der Schwulenköder Nummer eins, und dann noch, na ja, also er als Person an sich. Meiner Meinung nach sei er sehr gut geschützt vor hinterlistigen Homo-Anflirtattacken.

»Aha, äh, okay«, sagte er und wusste nicht so recht, ob ihn das jetzt freuen soll.

»Bist du eigentlich allein hier«, fragte ich, »oder mit deinen Freund:innen?«

Doppelholger erzürnt ab.

Ich ging in die Küche, in der zum Glück gerade kein Holger war, und keine Annegret, und öffnete sämtliche Schubladen, bis ich die Tütenschublade gefunden hatte, die – wie in jedem ordentlichen Haushalt – vor Plastiktüten und Jutebeuteln überzuquellen drohte, es ist meistens die zweite von unten. Ich nahm zwei der Beutel und packte alle Getränke aus dem Kühlschrank hinein, von denen ich mir vorstellen konnte, dass sie mir auch zu Hause schmecken würden. Und ein Smirnoff Ice.

»Tschüss, Annegret«, rief ich, ließ die Tür von außen ins Schloss fallen und sah mir die Warnaufkleber auf den Gästeautos ein wenig genauer an.

GENDERSPRECH? OHNE MICH! JETZT REICHT'S!
IMPFZWANG? OHNE MICH! JETZT REICHT'S!
EHE FÜR ALLE? OHNE MICH! JETZT REICHT'S!
TORBEN AN BORD
ANSCHNALLPFLICHT? OHNE MICH! JETZT REICHT'S!
OSTSEEBAD BINZ – DIE BINZER BUCHT ERLEBEN
BREMSEN FÜR RADFAHRER? OHNE MICH!
JETZT REICHT'S!

Leute, die über ihr Heck mit der Außenwelt kommunizieren, waren mir eigentlich schon immer suspekt, dachte ich beim Davongehen. Und denke ich wieder, inmitten der Fundstücke aus meiner Jacke sitzend. Aber mit einem haben sie schon recht. Ich nehme den Kugelschreiber in Regenbogenfarben aus der ersten Tasche und vervollständige den Zettel.

ANNEGRET
UND IHRE FREUND:INNEN
–
OHNE MICH!
JETZT REICHT'S ABER WIRKLICH!

BALKONIEN UND DIE FOLGEN

»Diesmal bleiben wir mal schön zu Hause«, dachte unser Protagonist – nennen wir ihn: Protagonist; und mit »wir« meinte er nur sich selbst – und nahm sich vor, »so richtig schön auszuspannen«, »die Seele baumeln zu lassen«, »zur Ruhe zu kommen«, seinen »Stressfaktor wieder zu nullen«. Der Resturlaub musste dringend abgeurlaubt werden, jegliche Verreisemühe war ihm aber zuwider, und »zu Hause ist es doch am schönsten«. Zwei Wochen wollte er seine mittelkleine Stadt nicht verlassen. Sich stattdessen ganz verlassen auf die Qualität der Landluft, die Beständigkeit der Frühlingssonne im April und das Tortenangebot im *Café Kaiser* um die Ecke.

Nach einer Woche aber passierte es, an einem Samstag. Unser Protagonist stand mehr verloren als gefunden in seiner mittelgroßen Zweizimmerwohnung und entschied, dass es an der Zeit war. Die Ordnung hatte unter all der Entspannung etwas gelitten in den letzten Tagen, ja, wenn man ehrlich war, eigentlich schon in den Wochen zuvor, seit etwa Ende November, um genau zu sein. Hier und dort hatte sich etwas festgetreten, ein süßlich-herber Geruch füllte seine Räumlichkeiten, die ursprüngliche Tapetenfarbe war nicht mehr deutbar. Wie aus dem Nichts fasste er einen Plan und sprach stolz, halb zu sich selbst, halb zu seinem erschlafften Ficus: »Heute machen wir Frühjahrsputz!«

So geschah es. Er riss die Fenster auf, ließ die Luft herein, suchte Eimer, Mopp und Eisenbürste zusammen, rührte Tinkturen aus Backpulver und Essig. Er tauchte ein in die Topografie der Berge an Geschirr, die sich errichtet und natürlich ausgedehnt hatten, sammelte Unterwäsche vom Boden und drückte seine Nase hinein, um die Dringlichkeit einer Wäsche oder einer Entsorgung abzuschätzen. Vieles, entschied er, könne man auch noch mal anziehen. Er riss sämtliche Schränke auf, inklusive des Kühlschranks, grub sich in dessen hinterste Gefilde und förderte lange verloren Geglaubtes zutage.

»Interessant«, dachte er beim Anblick einer Bulette, »sie hat die Fähigkeit, ihre Farbe zu ändern, wie ein Chamäleon. Und wie schön flauschig sie ist! Sie ziert ein zarter Flaum gleich dem eines jungen Kükens.«

Er saugte, entstaubte, er laugte und klaubte den Dreck mit dem bloßen Finger hinweg. Er freute sich an seiner neu entdeckten Ordnungsliebe und seinem eigenen Elan. Es war der beste Urlaubstag! Begleitet von den Verkehrsmeldungen im Radio tanzte er mit Spülschwamm und Bürste in der Hand durch die Küche und schmiedete Pläne, sich für die Reinigung des Badezimmers einen Kärcher im Baumarkt zu leihen.

»Das wär's!«, dachte er. »Einmal verrückt sein«, dachte er, lachte mit sich selbst um die Wette, drehte beschwingt eine Pirouette und stieß sich den Kopf am offen stehenden Hängeschrank über der Spüle.

Er hielt inne. Das hatte ganz schön wehgetan.

Ein Kontrollgriff an die Stirn ergab, dass nichts weiter geschehen war. Kein Blut war ausgetreten. Vielleicht würde sich eine kleine Beule entwickeln. Nichts von Bedeutung also.

Oder vielleicht doch? Immerhin hatte es wehgetan, tat noch immer weh.

Er geriet ins Grübeln. Und beendete seinen Frühjahrsputz.

Zwei Tage darauf erschien auf openPetition eine Bürgerinitiative folgenden Wortlauts:

»Ich habe allumfassend im Internet recherchiert und sämtliche Informationen zusammengetragen, die ich finden konnte. Die Ergebnisse sind erschreckend! Wir alle leben unter ständiger Gefahr, und die Politik kümmert sich mal wieder nicht. Wir müssen endlich aufwachen!!! Denn auch die Mainstream-Medien wollen nicht über den Missstand informieren, den ich aufgedeckt habe. Weder der GEZ-Staatsfunk noch die privaten Heuschrecken wollen berichten, ich habe sie alle angerufen. Sie vertuschen das Problem! Es gefährdet unser aller Sicherheit und muss dringend angegangen werden.

In 87 Prozent aller deutschen Haushalte sind in der Küche Hängeschränke verbaut, deren Türen man nach außen öffnen muss!!! Wenn diese Türen nicht zufällig selbsttätig geschlossen werden, besteht die erhöhte Gefahr, sich daran den Kopf zu stoßen und letztendlich zu verenden! Ich selbst, ein sehr verantwortungsvoller Mensch, habe erhebliche Verletzungen durch einen solchen unverschuldeten Unfall davongetragen.

Uns einfachem Bürgerfußvolk wird schon genug zugemutet, da kann man nicht auch noch von uns verlangen, in unseren privaten Räumen einen Helm tragen zu müssen, um uns vor den Gefahren zu schützen, die uns permanent in den eigenen vier Mietwänden belauern. Da steht der sogenannte Staat in der Verantwortung!

Natürlich kann sich die verdammte Politikerbrut, die den

IKEA-Lobbyisten die Füße leckt, selber Hängeschränke leisten, die man zur Seite oder nach oben aufschieben kann, und sich somit aus der Gefahrenzone manövrieren. Deshalb kümmern sie sich nicht, diese Schmierdödel. Ich möchte an die Vernunft appellieren!!! Wir alle sind in Gefahr! Auch und vor allem unsere Kinder!!! Zugegeben, nur sehr groß gewachsene Kinder, aber das sind auch Kinder. Wer schuld ist, ist ja wohl klar, da muss man sich nur mal selbst informieren. Deshalb brauche ich 50.000 Unterschriften, um die uns nach dem Leben trachtenden Hängeschränke endgültig aus unseren Küchen zu eliminieren.«

Es kam, wie es kommen musste. Weitere Betroffene meldeten sich zu Wort und schlossen sich unserem Protagonisten an. Viele Nichtbetroffene erkannten die Gefahr, solidarisierten sich und betonten, dass sie schon immer etwas geahnt hätten. Endlich konnten sie sich verbünden, endlich hatten sie ihren gemeinsamen Gegner gefunden. Auf Twitter wurden Videos verbreitet, in denen offen stehende Hängeschranktüren mit Vorschlaghämmern abgeschlagen oder von besonders leidenschaftlichen Anhängern der Bewegung mit Flammenwerfern in Brand gesetzt wurden. Es wurde zum Boykott aufgerufen. Was genau boykottiert werden sollte, war relativ unklar, da hatte jeder seine eigene Meinung. Die Gemäßigten begnügten sich mit der Demontage ihrer eigenen Schranktüren. Die Hardliner ketteten sich auf große, rote Stühle vor Möbelhausfilialen und forderten die Einstellung der Produktion jeglicher Einbauküchenelemente. Die Extremen bespuckten auf offener Straße all jene, in deren Zuhause sie Schränke mit Touch-Funktion und nach oben gleitenden Abdeckungen vermuteten.

Die AfD stellte im Bundestag eine Kleine Anfrage nach der Zahl der Schranktüropfer, wobei sie auch sehr an ihren Vornamen interessiert war. Als die Bundesregierung nach mehreren Wochen, in denen die Wissenschaftlichen Dienste akribisch recherchiert hatten, die Ergebnisse enthüllte, entbrannte der Volkszorn endgültig. Die Gesamtzahl der, so der Fachterminus, *durch Kopfverletzung nach Malträtierung durch eine offen stehende Küchenschrankhängetür verendeten Personen* betrug: zwei. Und beide hießen Thomas.

Wie übrigens auch unser Protagonist, der als Anführer der Bewegung mittlerweile einen gewissen Kult um sich erschaffen hatte. Wie er glaubte niemand der Schrankgegner die offiziellen Zahlen, denn *das Gefühl* sprach eine ganz andere Sprache. Oder man interpretierte die Zahlen so um, dass das deutsche Volk, angefangen mit allen deutschen Thomassen, systematisch ausgerottet und ausgetauscht werden sollte. *#IchbinThomas* verfestigte sich als offizieller Hashtag, unser Protagonist führte die nun jeden Samstag stattfindenden (denn unter der Woche ging Thomas längst wieder zur Arbeit) Demonstrationen der Schranktürenopfer an, deren Höhepunkt es stets war, begleitet von Kundgebungen (und dem zufällig anwesenden Gitarrenbarden Reinhold Beckmann) Hängeschranktüren vor dem Kanzleramt zu verbrennen.

Die Bewegung war auf ihrem Höhepunkt. Und so war es nicht verwunderlich, dass sich auch die fünfte Gewalt im Staat, namentlich Markus Lanz, für sie zu interessieren begann. Ein Auszug aus der Donnerstagssendung:

»Schönen guten Abend, freue mich sehr, dass Sie alle dabei sind. Herzlich willkommen zu unserer Sendung, in der wir gleich zu Beginn sehr herzlich einen Mann begrüßen, der ein sehr lesenswertes Buch vorgelegt hat. Er sagt: ›Der Tod lauert in ein Meter sechzig Höhe in unserer Küche.‹ Was meint er damit? Und: Was hat das alles damit zu tun, dass er, haha, im Alter von zwölf Jahren, hihihoho, einen abgelaufenen Joghuhuhurt, höhö, gegessen hat? Mir ist völlig bewusst, dass außer mir nie jemand über meine überraschenden Scherze in den Anmoderationen lacht, lassen Sie uns also für einen Moment wieder die Augenbrauen zusammenziehen und ernst werden. Denn immerhin bin es ich, der hier die Stimmung vorgibt und immer allen sagt, was sie zu denken und zu fühlen haben. Auch ich habe mir damals als kleiner Springinsfeld in Südtirol einmal meinen Kopf an einem offen stehenden Küchenschrank gestoßen, ich weiß also – wie immer – ganz genau, wovon unser Gast spricht.

Ja, außergewöhnliche Runde heute. Reinhold Messner erzählt später mal wieder was vom Nanga Parbat, Robin Alexander analysiert scharfsinnig, wer mit wem essen war und was es zum Nachtisch gab, außerdem werde ich Friedrich Merz fragen, wann er denn endlich, aufgepasst, Bundeskanzler wird. Gleich zu Beginn aber die Frage zu einem großen Problem unserer Zeit: Herr Merz, wie ist die Position der CDU zu Hängeschränken mit sich nach außen öffnenden Türen?«

Wir fassen zusammen: Diese Frage wäre nie gestellt worden, wäre unser Protagonist Thomas in den Urlaub gefahren, statt zu Hause zu bleiben. Auch nicht, wäre er beim Frühjahrsputz auf die Idee gekommen, dass es wohl schlicht seine eigene Schuld gewesen war, sich den Kopf gestoßen zu haben, ein Versehen, das mal vorkommen kann. Da er aber entschieden hatte, statt sich selbst schlichtweg andere für seine Misere verantwortlich zu machen und ihnen die Schuld zuzuschieben, war die Antwort auf die Frage natürlich erwartbar die, die nun immer gegeben wird, wenn sich nur genug Leute verbunden durch die Idee eines gemeinsamen Feindes zusammentun und ihre Meinung laut genug herausschreien:

»Ja, Herr Lanz, die Sache mit den offenen Schranktüren, die muss man natürlich sehr ernst nehmen.«

OSTSEE ODER SO

In einer kürzlich ausgestrahlten Folge der auf ZDFneo laufenden Erfolgsserie *Dinner-Date – Die Datingshow mit Biss* trafen sich Benjamin und Denise zum ersten Mal und lernten sich kennen. Zu Cevapcici und Reis wurde folgender Dialog gereicht, im Anschluss folgt eine Analyse:

Er: »Bist du denn sonst so 'n eifersüchtiger Typ? In 'ner Beziehung oder beim Kennenlernen schon?«
Sie: »Also an sich nicht.«
Er: »Was heißt'n ›an sich nicht‹? Also wenn ich jetzt zum Beispiel ein Wochenende mit meinen Jungs irgendwie wegfahre, Ostsee oder so, was würdest du dann denken?«
Sie: »Du fährst mit deinen Jungs an die Ostsee.«
Er: »Ja.«
Sie: »Genau. Ich würde nix weiter denken.«
Er: »Ach so. Okay.«

Sie, in der Folge als naives Mauerblümchen dargestellt, hat damit eigentlich nur gesagt, dass sie ihrem potenziellen Zukunftspartner ganz gerne vertrauen würde. Ihm, der sie direkt im Anschluss als »wahrscheinlich zu brav für mich« bezeichnete, will das überhaupt nicht in den Kopf. Die einfache Gleichung »Ich sag dir was, du glaubst es mir« scheint ihm fernab seiner Lebensrealität. Dahinter steckt ein offenbar noch immer populäres Beziehungskonstrukt mit klar definierten Rollen, das ich mal flott skizzieren möchte:

Ist der Mann zu Haus, soll die Frau sich um ihn sorgen, und ist er weg, dann erst recht. Denn wie ein wildes Raubtier auf Beutezug lässt sich der lebenslange Schürzenjäger nie komplett zähmen und sucht nach andauernder Selbstbestätigung. In diesem Fall an der Ostsee »mit den Jungs«, wo »so richtig steilgegangen« wird, wie das an der Ostsee so üblich ist. Wir alle kennen das populäre Sprichwort: What happens an der Ostsee stays an der Ostsee. Was auch immer er dort zu treiben bereit ist, im windigen Vergnügungspark der verbotenen Lust, ist aber nur halb so schön, wenn er sich nicht darauf verlassen kann, dass die Frau in seinem Besitz zu Hause vor Eifersucht und Gram über seine Abwesenheit zergeht, wie es nun mal ihre Aufgabe ist. »Ich will eine Partnerin, die so richtig eifersüchtig ist« ist ja auch nur eine Umformulierung von »Mich Tunichtgut als Partner zu haben, ist für sie ja auch eine Auszeichnung«. Was brächte das ausgelassenste Ostseeabenteuer, könnte er nicht in den Chor seiner Jungs einstimmen, die beklagen, dass sie zu Hause »unter der Fuchtel« der »Chefin« stehen, wenn sie sich gegenseitig die besorgten, Grenzen aufzeigenden Nachrichten ihrer Partnerinnen vorlesen?

»Nö, also meine Freundin vertraut mir und wünscht uns allen viel Spaß« wäre das schlimmste Eingeständnis von verminderter Männlichkeit und Stärke, das auf einem althergebrachten, archaischen Bro-Trip passieren kann.

Zurück zum Dinner-Date: Aufgrund der unterschiedlichen Auffassungen von Besitzansprüchen in einer Beziehung knackste es ein wenig in der Chemie zwischen den beiden.

Am Ende der Episode suchte der Pascha sich eine andere »Gewinnerin« aus, die mit ihm auf ein zweites Date gehen musste. Dort ließ er sie wissen, dass es seiner Auffassung nach gar nicht ginge, dass sie Freundschaften zu anderen Männern pflegt. So ganz allgemein. Denn schließlich sei er ja ein Mann, und das ist Mann genug für eine Frau, da sollte sie lieber mal schön alle anderen in den Wind schießen, inklusive der Kindergartenfreunde, wenn sie auch noch ein drittes Date mit ihm gewinnen wolle. Es gab kein drittes Date.

Ich hoffe inständig für alle derzeitigen Singlefrauen mit ein wenig Vernunft und Selbstwertgefühl, dass sie nicht an so ein überholtes Auslaufmodell meines Geschlechts geraten. Denn auf ein Wiedersehen mit Benjamin im Reality-TV, diesmal bei *Familien im Brennpunkt*, können wir alle ganz gut verzichten.

ITALIENERWOCHENENDE

1. Empfang

»Mi chiamo Christian. – Sono tedesco. – Vino bianco. – Grazie.«

Mit diesem als meinem kompletten Wortschatz im Gepäck, verbrachte ich ein Skiwochenende in den italienischen Alpen. Andreas Eltern hatten geladen, denn sie fanden, nach drei Jahren Beziehung könnten sie auch mal den Mann an der Seite ihres Sohnes kennenlernen, ihres Sohnes, der erst vor einem halben Jahr auf die Idee gekommen war, sie über seine Homosexualität zu unterrichten. Der Schock darüber hielt sich ihrerseits ziemlich in Grenzen. Wenn ich die Lage richtig interpretiere, fanden sie es weitaus schlimmer, dass er sich ausgerechnet einen Deutschen als Freund aussuchen musste. Und noch schlimmer: einen Deutschen, der nicht mal ein Auto hat. Grande delusione.

Ich hingegen war außerordentlich gespannt, die Person kennenzulernen, hinter der ich für alle Zeiten die Nummer zwei sein würde, denn für einen richtigen Italiener, sei er fünf, 25 oder 79, steht eines unverrückbar fest: Zu allererst kommt für alle Zeit: la Mamma. Dann kommt lange nichts. Dann das Auto.

Die Kommunikation beim groß aufgetischten Essen gestaltete sich einigermaßen schwierig. Bis auf die sieben eingangs erwähnten Wörter spreche ich kein Italienisch, andersherum sprach die Tischgesellschaft nichts anderes als Italienisch. Als relativ beruhigend empfand ich, dass ich selbst mit den passenden Sprachkenntnissen keinerlei Gelegenheit gehabt hätte, mich einzubringen. Denn Pausen waren nicht vorgesehen. Das Tischgespräch klang für mich nach einer wohlkomponierten Sinfonie der Vokale. Worte und Sätze, von denen ich beim besten Willen nicht sagen konnte, wann sie endeten und wann neue begannen, sprudelten aus einer nie versiegenden Quelle, stellvertretend für alle schnappte ich gelegentlich nach Luft – und verstand: nichts. Außer, in etwa:

Ciao ragazzi, alora, andiamo, montepulciano. È tenersi per mano, andare lontano, la felicita. Felicita!

Dass das Gespräch auch gelegentlich um mich kreiste, erahnte ich, als entweder von »Christian« oder von »il tedesco senza machina« die Rede war – vom Deutschen ohne Auto.

Und dennoch gelang es uns, *la Mamma* und mir, auf wundersame Weise, eine Verbindung herzustellen.

»Christian, Prosecco?«, war die Frage, die alle Dämme zum Einstürzen brachte.

»Prosecco!«, war meine Antwort.

Mehr Worte waren nicht nötig. Und so fanden wir eine lingua franca, die perlte und sprudelte und die uns vereinte: die Sprache des Prosecco.

2. *Aufwärts*

Es gibt viele Wege, einen Berg zu erklimmen. Schlepplift, Sessellift, kleine Gondel ... große Gondel. In einer solchen fand ich mich am nächsten Morgen mit ziemlich dickem Brummschädel wieder. Auf die Sprache des Prosecco war die Sprache der Kräuterschnäpse gefolgt, und die ist in der Alpenregion vielfältig. Das für mich nötige Equipment – Skier,

Skischuhe, Helm, Brille, alles –, um nach 15 Jahren Pause meine alpine Karriere wieder aufzunehmen, wurde auf die Weise besorgt, wie ich sie in den nächsten Tagen noch oft erleben und gut kennenlernen sollte: Wir kennen da wen, er schuldet uns noch einen Gefallen. Und wenn wir schon mal da sind, trinken wir ein Glas Wein mit ihm. Die Etikette verlangt das.

In der Gondel waren wir etwa zu zwanzigst. Auf den ersten Blick schien ich der einzige Ausheimische zu sein. Und so folgte direkt die nächste Lektion, um mich mit der italienischen Lebensweise vertraut zu machen. Die Auffahrt dauerte etwas über zwanzig Minuten, und so lautete die einhellige Meinung: Wieso sollte man mit dem Après-Ski bis nach dem Skifahren warten, wenn man genauso gut die Auffahrt nutzen kann? Zwei vermutlich nicht mit meiner Reisegruppe Verwandte packten ihre Bluetooth-Box aus, platzierten sie mittig auf dem Gondelboden und spielten rührselige Italohits aus den Neunzigern ab. Das Publikum war umgehend ergriffen. Mit verträumten und wässrigen Blicken auf den Cervino, das Matterhorn, stimmte die ganze Gondel gefühlig mit ein: »Laura non c'è«.

Die an jedem Stützpfeiler angebrachten Warnschilder, man solle nicht mit der Gondel schaukeln, waren offenbar eher so zu verstehen wie auch rote Ampeln im italienischen Straßenverkehr: eher als Empfehlung, nicht unbedingt als Verbot. Die Italodisco war in vollem Gange, es wurde gesungen und getanzt, die Gondel wippte meterhoch auf und ab, irgendwer packte Käse und Oliven aus, Männer und Frauen weinten vor Freude über den Moment.

Auch mir schossen die Tränen in die Augen, aus Fremdscham darüber, wie im selben Moment in einem anderen Teil der Welt, nämlich in einer Gondel in einem österreichischen Skigebiet, Landsleute von mir »Da hat das rote Pferd sich einfach umgekehrt« singen. »Die Fliege war nicht dumm, die machte summ-summ-summ.«

An der Bergstation der Gondola angekommen, verabschiedeten wir uns mit Umarmungen, Küsschen und Brimborium von den neuen Freunden fürs Leben.

3. Skischule

Die Entscheidung darüber, ob ich auch mit den Eltern meines Freundes über gemeinsamen Trinkgenuss hinaus eine gute Freundschaft aufbauen würde können, stand unmittelbar bevor. Sie luden zur Vorführung. Vorgeführt werden sollte ich beziehungsweise mein Talent auf den Brettern, die für die Familie die Welt bedeuteten. Denn beide, ich hatte es bislang noch nicht erwähnt, sind Skilehrer.

Ein kleiner gedanklicher Exkurs zum Beruf des Skilehrers: Er ist einfach faszinierend. Einerseits umhüllt alle Skilehrer eine tiefe, mysteriöse Aura, allein schon deshalb, weil sie ihr halbes Leben im Verborgenen führen. Denn niemand weiß, was Skilehrer im Sommer machen.

Andererseits verströmt kein Beruf der Welt eine so unanzweifelbare Autorität. Beim Skifahren gibt es keine zwei Meinungen, es gibt nur den Berg heil runterkommen oder nicht. Und wenn Tatjana aus Ludwigsburg im Anfängerkurs denkt: »Ach, ist mir egal, was der erzählt, ich finde, ich sollte mein Gewicht lieber auf den Bergski als auf den Talski verlagern, das entspricht eher meiner Persönlichkeit«, dann hängen sie eben ganz schnell am nächsten Liftmast, die Tatjana und ihre Persönlichkeit.

Skilehrer sein ist zehn Prozent Talent, zehn Prozent Übung, dreißig Prozent Zigarillos im Sessellift rauchen und fünfzig Prozent Führungsstärke. Darauf kommt es an. Führung.

»Andiamo«, rief es zweistimmig von unten, und Skistöcke wurden gewedelt. Ich stand oben auf der Hügelkuppe neben meinem Freund, der mir gut zuredete, mir aber auch zu verstehen gab, dass mein Schicksal nun allein bei mir beziehungsweise in meinen Beinen lag. Unten warteten seine Eltern darauf, meine Fahrkünste und somit mich final zu beurteilen und ihre Sympathiewerte dementsprechend anzugleichen. Ich war aufgeregter als vor der mündlichen Abiturprüfung.

»Ich finde das ein bisschen unfair«, sagte ich. »Mein letzter Skiurlaub war 2005. Kann ich mich nicht erst ein bisschen warmfahren, bevor sie mir zuschauen?«

Mein Freund übersetzte und rief meine Bedenken nach unten. Es entspann sich ein mehrere Minuten andauerndes, melodisches Hin-und-Her-Geschrei, an dessen Ende mir das Ergebnis mitgeteilt wurde:

»Mein Vater sagt, warmfahren kannst du dich mit deinem Auto, das du nicht hast.«

»Andiamo, Tedesco!«, rief es von unten.

»Prosecco«, dachte ich sehnsüchtig und stürzte mich in den 5 Grad abfallenden Hügel.